清史三百年

戴逸——著

北京出版集团
文津出版社

图书在版编目（CIP）数据

清史三百年 / 戴逸著． -- 北京：文津出版社，2025.2． -- ISBN 978-7-80554-950-7

Ⅰ.K249.09

中国国家版本馆 CIP 数据核字第 2024BM4655 号

策 划 人：高立志　王忠波　　责任编辑：陈　平
责任印制：燕雨萌　　　　　　责任营销：猫　娘
书籍装帧：吉　辰

清史三百年
QINGSHI SANBAINIAN
戴　逸　著

出　　版	北京出版集团
	文津出版社
地　　址	北京北三环中路 6 号
邮　　编	100120
网　　址	www.bph.com.cn
总 发 行	北京伦洋图书出版有限公司
印　　刷	北京华联印刷有限公司
开　　本	880 毫米 × 1230 毫米　1/32
印　　张	6.875
字　　数	83 千字
版　　次	2025 年 2 月第 1 版
印　　次	2025 年 2 月第 1 次印刷
书　　号	ISBN 978-7-80554-950-7
定　　价	58.00 元

如有印装质量问题，由本社负责调换
质量监督电话　010-58572393

目　　录

前言　三百年清史的八个阶段 ················ 001

　第一阶段：一支处于偏僻地方的弱小力量是怎么
　　　　　　崛起的？ ································ 003

　第二阶段：清朝为什么能够很快打下南方？ ······ 006

　第三阶段：康雍乾盛世是怎样开始的？ ············ 010

　第四阶段：盛世是怎样造就的？ ···················· 014

　第五阶段：嘉道年间为什么内外交困？ ············ 021

　第六阶段：清政府怎样侥幸躲过了太平天国之厄？
　　　　　　 ································ 023

　第七阶段：洋务运动为什么步履维艰？ ············ 027

　第八阶段：为什么革命是告别不了的？ ············ 032

第一章　清朝的统一 ································ 039

　第一节　满族的崛起 ································ 040

　第二节　平定南方 ································ 050

第三节　杰出的康熙 …………………056
　　第四节　复杂的雍正 …………………066

第二章　清朝盛世的高峰……………………081
　　第一节　乾隆朝的武功 ………………083
　　第二节　乾隆朝的经济繁荣 …………093
　　第三节　乾隆朝的文治 ………………101
　　第四节　盛世中的阴影 ………………107

第三章　嘉庆、道光朝的转折………………113

第四章　艰苦而曲折的近代化历程…………127
　　第一节　正视太平天国 ………………130
　　第二节　洋务运动举步维艰 …………138
　　第三节　甲午战争深刻影响世界历史…144
　　第四节　戊戌变法与晚清新政 ………156
　　第五节　袁世凯告密真相 ……………167
　　第六节　光绪之死 ……………………183

第五章　辛亥革命：中国现代化的新纪元……207

前言 三百年清史的八个阶段

三百年清史大概可以划分为八个历史阶段。清史为什么要划分为八段？怎样划分呢？

前言 三百年清史的八个阶段

第一阶段：一支处于偏僻地方的弱小力量是怎么崛起的？
——满族兴起和清朝建立（1583—1643）

从努尔哈赤以十三副遗甲起兵一直到清兵入关，一共六十年时间。努尔哈赤起兵打败了尼堪外兰，统一了建州各部，接着又平定了海西女真辉发、乌拉、哈达、叶赫四部，共花了将近三十年时间，从小到大，从弱到强，一个新兴的民族在东北崛起，直到萨尔浒战役和明朝对抗，使明朝四十万大军全军覆没。又经过多次战争，努尔哈赤进入辽沈地区，后来又进入锦州地区，逼近山海关。满族仅几十万人，人口很少，从统一内部开始，花了六十年时间发展成这么强大的势力，跟明朝对抗，并且曾经围攻北京，势如破竹，百战百胜。

曾经有人提出这个问题：满族几十万人口怎么把汉族一亿人口都征服了，那时也没有什么先进的枪炮啊？这个问题是值得我们思考的。我认为，第一，由于满族处于社会发生根本性变化的阶段——从奴隶制走向封建农奴制，在这样一个关头，这个民族最容易产生一种蓬勃的朝气。社会发展处于上升的阶段，农业也发达，经济也发达。第二，由于努尔哈赤和皇太极这两代领袖的英明善战，他们想了许多削弱明朝的办法，而且创造了八旗组织。八旗组织是非常坚强善战的组织；把整个满族的人组织在八旗制度之下，整个满族子弟剽悍勇敢，团结在领袖的周围。第三，满族内部民族凝聚力非常强大。一个处于上升阶段的民族，一个在胜利中前进的民族，它不仅凝聚力强大，而且能够比较果断地解决民族内部矛盾。当时的内部矛盾很多，努尔哈赤跟舒尔哈齐的矛盾、跟褚英的矛盾，皇太极与四大贝勒之间的矛盾，以及多尔衮跟豪格的矛盾，但他们善于处理这些矛盾，不至于像太平天国闹到一塌糊涂。第四，它向汉族学习，学习汉族的文化、制度，重用汉人，从李永芳、范文程、洪承畴、孔有德，一直到吴三桂。跟它对立的明朝则内外交困，腐败不堪，在当时朝廷外有李自成、张献忠起义，闹得全国各地烽火连年；朝廷上又有党争，东林党、非东林党、阉党激烈地斗争；外边还有满族，三面夹攻，这样的政权是胜不了的。看史料就知道这两个政权的不同：一个是欣欣向荣；一个是焦头烂额、四面楚歌。所以，最后人口少的满族政权，将对于它来说是庞然大物的明朝打败了。

第二阶段：清朝为什么能够很快打下南方？

——清朝入关和确立全国统治（1644—1683）

李自成进京后，崇祯皇帝上吊身亡，明朝灭亡，清朝入关。清朝入关伊始，势力限于华北北部，然后扩展到整个华北，后到长江流域以南，跟南明进行了长期的战争。南明失败后，又跟三藩长期进行战争，一共花了近四十年才把南方统一下来。这个时间也是很长的。

闯王进京，明朝灭亡，对清朝来讲这是问鼎中原的最好时机，如果不利用这个时机，就要失去历史机会了。这个时候，皇太极偏偏刚死掉，内部乱得一塌糊涂,多尔衮和豪格两个人争当皇帝,黄旗和白旗,差一点火并。但是,清朝的高明之处就在这里,它内部协调,两个人都不做皇帝,捧一个小孩——顺治做皇帝,两个人辅助顺治。豪格本来是皇太极的长子,应名正言顺做皇帝,但多尔衮能干,权力和势力大,如果他们两人火并起来,那就进不了关了,即使进了关也不行。但他们能够妥协、缓和,内部解决了这个矛盾,这是历史上很重要的经验教训。所以历史的机遇只被那些善于驾驭局势的能人抓住,如果他们两人只顾争权夺利,就会失去机遇。

入关以后四十年,清朝致力于争夺全中国的统治权,主要是长江以南,对手是南明。南明有三个王朝:弘光、隆武、永历。一个在南京,一个在福建,一个在西南,再加上农民军李自成的余部和张献忠的余部,从人数来讲还是很多的。在中国历史上,游牧民族入主中原后一般都出现"南北朝":东晋的时候,北方少数民族内迁,东晋跑到南方去,形成第一个"南北朝";第二个"南北朝"是南宋和金,金国也是占了汴梁(今开封)后,把宋高宗赶到杭州,后来金兵打到杭州,宋高宗又跑到海里,金兵守不住而退兵。因为游牧民族经过中原长期的战争筋疲力尽,到南方以后,天时、地利、气候、饮食习惯、语言等都有障碍,往往过不了长江。但清朝就能挥师南下,势如破竹,这是怎么回事?一是当年清朝与南明的军事战争,不仅是军事斗争,而且是一场政治斗争,清朝就高明在政治上争取到汉人的认同。满族本来是一个落后的民族,政策是比较落后的,进关后就知道屠城、抢掠、乱杀人,在北方圈地。但是随着向汉人的学习,它的野蛮政策逐渐改变,顺治四年(1647)、五年(1648)后就停止圈地了,屠城后来也停止了,而且用各种宽大的政策招抚汉民,免除"三饷",采用科举考试来招抚汉族知识分子。清朝打南方,主要利用汉族军队,即吴三桂、孔有德、尚可喜这些人的部队,不是利用八旗兵。汉族军队适应汉族地区的天时、地利、风俗习惯。为什么三藩后来尾大不掉?就是因为打南明时,主要的力量已经不是八旗兵了。清朝的高明之处就在于利用汉人,所以能够在南方站住脚跟。二是南明的弱点就更多了,最根本的弱点就是分散,光小朝廷就有三个,各自为政。农民军也很多,李赤心一支、郝摇旗一支、李定国一支、孙可望一支,虽然都奉明朝的年号,实际上个个都是很跋扈的将领,所以内部斗争很激烈,没有集中的力量,特别是弘光朝、永历朝,一塌糊涂,非常腐败。清朝则号令一致,多尔衮发布命令没人敢违抗。

清朝很快打下南方,没有形成南北对立的局面。如果当年形成南北对立,那以后的历史恐怕就变了。

第三阶段：康雍乾盛世是怎样开始的？
——经济的恢复、发展和康熙之治（1684—1722）

康熙朝后期，也就是康雍乾盛世的开端，在统一南方、平三藩、收复台湾时，清朝后方起火。第一件事是在黑龙江流域，沙俄越过乌拉尔山，跨过广阔的西伯利亚，在几十年的时间里到达了太平洋边上。这个速度是很快的，因为西伯利亚空旷无人，没有抵抗。但是，沙俄到达黑龙江后，建立据点，碰到强烈的反抗，跟达斡尔人、赫哲人打得非常激烈。第二件事是察哈尔蒙古的布尔尼在三藩之乱时叛乱。第三件事，也是威胁最大的，是准噶尔汗国在今新疆伊犁崛起。这三支力量，一个在东北、一个在北方、一个在西北，让康熙一面打前边，一面看后边。布尔尼叛乱时，清朝北方都没有军队，都派到南方去了，当时满族还比较能战，是图海率领满族的家奴去打的。东北方面，清军在雅克萨战争中打败了沙俄，双方签订了《尼布楚条约》，安定了中俄东段边界。《尼布楚条约》所划的边界比我们现在的领土要大得多了。布尔尼也很快被平定下来。西北方最主要的敌人是准噶尔汗国，它的根据地在伊犁，军队很强大，已经把天山南北都占领了。往西打到哈萨克，现在中亚细亚的大部分国家当时都是它的势力范围；往东袭扰整个外蒙古；往南威胁内蒙古。外蒙古的领袖包括哲布尊丹巴、三个大汗向南跑到康熙这儿来求援。北方相当紧张。这个时候康熙发兵，在乌兰布通把噶尔丹打败，噶尔丹跑到外蒙古。当时的行军很困难，清军进不了外蒙古，双方相持了很长时间。直到乾隆元年（1736）噶尔丹病死，这场持续了七八年的战争才告一段落。但准噶尔汗国的问题并不是那么轻易解决得了的，虽然它往南攻打北京的威胁解除了（乌兰布通离北京只有四百公里），但是它的老窝伊犁仍然被噶尔丹的侄子策妄阿拉布坦占领，清朝跟策妄阿拉布坦时战时和。策妄阿拉布坦曾经派军队进入西藏,所以康熙末年有一场援藏战争。那场战争一开始清军也是全军覆没,后来派十四皇子允禵去,还有岳钟琪、年羹尧,他们也都是在那场战争中崭露头角的。雍正时又在外蒙古发生和通泊战役、光显寺战役。和通泊战役中,清朝军队几乎全军覆没,双方打成了平手。乾隆初年开始讲和,以阿尔泰山为界。

乾隆十年(1745),噶尔丹策零死掉,他是准噶尔汗国比较英明的领袖。他死后准噶尔内讧,达瓦齐上台,排斥异己,准噶尔很多人跑到内地投奔乾隆,这给了乾隆一个千载难逢的时机。说实在的,当时准噶尔汗国要是不内讧,清朝政府很难完成统一。因为当时到新疆去打仗谈何容易,没有先进的交通工具,靠马、靠步行,粮食也很难运输。当时也想办法商运粮食,在北京一两银子可以买到的一石米,运到那边要十七八两银子,开销很大,仗没法打。所以乾隆看到准噶尔内讧,决定平准,把来投奔的人都派回去,让他们自己打自己。出兵时朝廷的许多大臣都反对,特别是刘统勋,他说没有粮食。粮食要准备三年,三年之后时机早就过去了,还打什么仗啊?!那时哪还顾得了粮食啊，到了就吃人家的，因地就粮。清朝就是这样进入新疆的，而且先锋就是那些投降过来的人马，主要是阿睦尔撒纳。清朝自己的军队因为粮食跟不上，所以一进伊犁，把达瓦齐抓住后，马上撤退，只留了几百人。于是准噶尔又重新起来反抗，把驻守的军队都杀掉，这就有了第二次平准。这中间颇多曲折。第二次平准以后，打大小和卓就顺理成章，比较容易了。经过这些战役后，清朝完成了国家的统一。

清朝在北方打仗的同时，还抓中原地区的经济恢复。治河，治黄河不惜工本；垦荒，因大战乱后人口减少，许多田地都荒了，把荒了的田地都垦出来；挖井，雍正朝光陕西一省就挖了五万口井。平定三藩后，一百年没有战争，经济能够恢复、发展，这是首要和根本的条件。中原地区长期安定为康雍乾盛世创造了条件，所以康雍乾盛世包括两个方面：一个是统一，一个是经济。

第四阶段：盛世是怎样造就的？
——雍正改革和乾隆统一全国（1723—1776）

康熙朝后期的问题也多了。一方面儿子太多，二十多个儿子抢帝位抢得一塌糊涂，太子立了又废，废了又立，闹得很厉害。另一方面官员贪污，吏治败坏。康熙时的官饷很少，也是低薪制，三藩之乱时全国知县不发俸银，要自己想办法养活自己，于是搜刮加剧，后来逐渐好转。雍正上台，是合法的还是非法的，对此学术界分歧很大。我认为他是非法的，但他上台后确实是厉行改革，严厉惩治贪官，成立会考府。雍正还从制度上进行整顿，实行高薪，耗羡归公，设养廉银，等等。没有雍正的改革，乾隆难以为继，所以应当肯定雍正的功劳。虽然雍正与准噶尔打仗时，没有打大胜仗，但是他在改革内务上很有成绩。雍正以后，国库的存银逐渐增加，国家有钱了。

从雍正上台一直到乾隆四十几年，这一段是康雍乾盛世的后期，也是最高峰。一个是乾隆二十年（1755）以后两次平准，一次平回，完成全国的统一，这是中国历史上极大的功绩。经济上，继承了康熙的有关政策，军事上向周边移民。中国从康雍乾开始移民的方向不一样了，以前的移民都是从北向南——从黄河流域向长江流域、从长江流域向珠江流域。康雍乾时期人口极度增加，移民向四面八方展开，中原地区是核心，向南、向西、向东北移民，很多新疆移民就是从这个时候开始的。东北地区在清初时人口极少，南怀仁记载他跟康熙到松花江去，一过铁岭，全是大森林，遮天蔽日。铁岭在辽宁省，吉林、黑龙江也都是大森林、大沼泽地，但生态环境在清朝一朝破坏得很厉害，森林都被烧光了。所以我们应该有一卷生态志，要写一写生态环境的破坏，这个工作是很艰巨的。农业上，乾隆大兴水利。有一次，黄河青龙岗决口，花了两年才堵上口子，用了半年的全国财政收入。清朝皇帝十分注重农业、关心农业，档案馆里保存着的粮价、雨水条子，记录着每年每个月各个县上报的各地下雨几寸，粮食价格多少（大豆多少钱，米多少钱，小麦多少钱）。我想，把这部分档案全部整理出来，这是大范围的经济和气象资料，全世界没有这么大范围、长时间的资料，这都是最珍贵的历史资料。乾隆时期经济上的繁荣可以说达到了历史上的最高水平。明朝以前，中国历史上的人口记录最高没有超过八千万，当然实际人口可能达到甚至超过了一亿。清朝就不一样，乾隆六年（1741）人口为一亿四千多万，这是正式统计，比较准确，乾隆末年人口有三亿，道光时有四亿，道光以后一直打仗，到民国时期也没有增加。明朝以前，中国粮食的生产能养活不到一亿人，到乾隆时能养活三亿人，粮食生产增加两倍多，这还不算历史上最高水平吗？农业国的经济就是看农业生产，粮食生产多了就说明经济发展水平高。我认为清朝的经济发展水平超过了汉唐。唐朝是八千万人口，汉朝最多是五千万人口，只能生产养活这么多人的粮食，而清朝有养活三亿多人的粮食，所以经济发展水平肯定超过了汉唐。针对当时中国的农业产量，世界上有两种统计数据，一种说法是占当时全世界的32%，比当时全欧洲生产的粮食还多；还有一种说法是占当时全世界的24%，差不多四分之一。究竟哪一种准确，我现在也没法判断，将来我们能不能把它搞清楚，我也不知道。究竟当年的GDP是多少，这个统计工作是比较难的，但不妨做一做。当时清朝确实达到了一个很高的水平，工农业的产值全部超过当时的欧洲，也就是说当时的英国、法国、德国、俄国等加起来还赶不上一个当时的中国。当然那时它们的人也比较少，全欧洲的人口到不了三亿，特别是英国、法国，虽然现在的人均生产水平比我们高、生活水平比我们高、劳动生产率比我们高，走在我们前面，但是那时它们还没有经过产业革命，产量的增加还很有限。当时的中国可以说是经济大国，这个资料是我从肯尼迪的名著《大国的兴衰》上找到的，他说的也不一定准确，但他是有根据的——引用的是一个统计学家的研究成果。

为什么中国有康雍乾盛世的到来？一是当时的世界潮流，中外的接触增加了。尽管中国当时实行闭关政策，不和外国接触，但是实际上做生意的外国商人、传教士到中国来得很多；中国的丝茶出口量很大，白银大量流入，中外贸易达到很高水平。有一本《白银资本》，说当时全世界有二分之一的白银流入中国，中国的贸易量大大增加，跟以前大不相同了。另外，雍正改革也使得国内政治、经济等各方面的制度都有所改进。但是所谓盛世繁荣，不能光看到盛世，光看到繁荣，还要看到繁荣下面掩盖的阴暗。如果跟当时世界上的其他国家相比较，虽然我们国家的GDP相当高，但我们仍然是封建国家，仍然是小农经济的汪洋大海，仍然是牢不可破的专制主义，传统的阻力非常大，难以前进。所以，尽管GDP相当高，但后续的发展劲头就差了，表现在专制政治太强大，人民没有权利，不像欧洲出现了市民阶级，掌握了一部分权利，并逐渐向中产阶级发展。二是闭关自守。全国人民不了解世界是怎么回事，虽然国家已经与世界开展了规模相当大的交流，但是不允许老百姓接触外国人，如英国商人洪任辉的案件。洪任辉跑到北京去告状，他本人没有被杀掉，给他写状子的汉人倒被杀掉了，就是因为国家不允许中国人与外国人接触，妄自尊大，觉得自己是天朝上国，别人都是蛮夷小邦。

三是重农轻商，重视农业，轻视工商业，不保护、不奖励工商业。特别是思想统治上的高压政策，"文字狱"搞得大家都不敢谈现实，不敢谈政治，不敢谈进步，不敢谈自由，也没有自由。另外轻视科学，科学技术被认为是奇技淫巧。这样一些阴暗的东西阻碍着中国前进，使中国没有持续前进的动力。而当时西方的英国，生产发展是处在社会转型的上升时期，朝气蓬勃，一日千里。中国却停滞在那里。所以康雍乾时期的发展是高峰，后又跌落下来，也必然要跌落下来。存在这样一些问题而不能解决，就无法突破封建制度的框框。

那么，当时中国有没有前进的可能呢？也不能说没有。因为历史就是不断给人们提供选择的机会，就看你怎么选择。当然，如何选择也不完全取决于主观的因素，客观氛围、环境、条件也起一定的作用。清朝有选择的机会，比如闭关政策。由于闭关政策，中国人被限制，不能出去，就不能了解外国，但是也不是说没有机会突破。乾隆二十四年（1759），洪任辉上北京告状，告广州海关官员贪污，他要求在宁波、厦门等地方开放通商口岸——当时是广州一口通商。当时清朝也讨论过这个问题，要求督抚们上书，讨论能不能多开放口岸。有的官吏主张多开放，但大部分官吏主张不要开放，特别是广州的官吏，认为开放了别的地方，广州的生意就少了，所以两广总督杨应琚坚决反对。乾隆虽然觉得开放的话跟广州税收一样，可能好一点，但最后讨论的结果是不要开放。这是一种选择的机会。科举制度也是如此。当时很多人觉得科举制度很不好，当时的小说《儒林外史》《红楼梦》《聊斋志异》都反对科举制度，包括许多大官都说科举制度不好，但是改革不了。舒赫德曾经上奏折提出取消科举，后来被鄂尔泰驳斥。这个问题引起过争论，但乾隆皇帝还是决定不改革。如果舒赫德的意见被采纳，真正能把科举改一改，或者能把通商的口岸多开一点，跟外国多接触，对中国是不是有好处，当然今天很难说。但不管怎样，它是有机会选择前进的，清朝却没有前进。

第五阶段：嘉道年间为什么内外交困？
——清朝中衰（1777—1839）

1776年金川战争结束。金川战争从性质上讲，也是一场统一战争，但是它和平准、平回的意义不可同日而语，因为它是四川的割据势力挡住从四川进入西藏的道路，所以不平金川就不能很通畅地进入西藏。虽然它是规模最大的战争，花了七千万两银子，打的时间很长，花的力气最大，但实际上金川只有五万人，清朝却出动了十几万军队，战争得不偿失。金川战争结束，统一的任务完成。

就在这个时候，临清发生了王伦起义，这是中原地区第一次大规模的农民起义。中原地区太平了一百年，到这个时候又掀起农民起义，表明国内固有的阶级矛盾激化，土地兼并严重到了一定程度。到1796年，也就是乾隆禅位的第二年，爆发了白莲教起义。白莲教起义后，起义连续不断，南方是天地会起义，北方是林清、李文成起义，以及各教门的起义，一直到太平天国。外国势力也越来越多地进入中国，1793年马嘎尔尼使团来华，二十年以后又有阿美士德使团来华。中国那时在对外贸易上始终保持着顺差，外国人的白银流入中国购买丝茶等，他们没有什么东西能够运到中国来卖，开拓不了市场，这时就开始输入鸦片了。一下子，鸦片泛滥。这个时候，中国越来越落后于世界了，也没有机会打开国门来看一看世界，甚至最先进的知识分子也不了解外国是什么情况，英吉利是个大国，它究竟在什么地方，有多大，谁也不清楚。这样，终于在1840年爆发鸦片战争。落后就要吃亏，落后就要挨打，中国历史又进入新的阶段。

乾隆后期到嘉道时期，中国的发展处在停滞阶段，又困于矛盾之中——内部的矛盾是农民起义；外部的矛盾是外国越来越进逼中国，而且已经用大量的鸦片输入来撞击中国大门了。

第六阶段：清政府怎样侥幸躲过了太平天国之厄？
——外国武装侵略和国内农民战争（1840—1864）

从鸦片战争到太平天国被镇压这一段时间，对清朝来说是沉重的打击。矛盾爆发，清朝面临着大危机、大灾难。一个是太平天国占了南方的很多地区，一个是英法联军占了北京，火烧圆明园，咸丰皇帝逃到热河，南北夹攻，眼看着清朝就要灭亡了。这个时候清朝极端危险，而没有在这个时候灭亡真是侥幸。历史发展总是出人意料，为什么清朝能够死而复生呢？恐怕有三个原因。

第一个原因，太平天国的迅速腐败。1856年杨韦内讧，韦昌辉杀掉杨秀清，还把杨秀清的几万部属杀

法国画报里的天王府，1865年

掉了，这些人都是广西来的老战士；之后，洪秀全又杀掉韦昌辉，石达开又带兵跑掉。这样一下子，太平天国元气大伤。本来从金田起义以来，太平军势如破竹到了南京，形势非常好，就在形势很好的时候，爆发的这场内讧，使太平天国元气大伤。所以到了1860年英法联军发动第二次鸦片战争的时候，太平天国没有恢复元气，不能再北伐，没有抓住历史时机。

第二个原因，英法侵略者的态度改变。他们在第一次鸦片战争的时候是打清朝，到了第二次鸦片战争时就是既打清朝又帮清朝了。他们要在中国搞一个统治的工具，所以从打到扶有一个策略上的转变，扶持清朝来对付太平军。当然他们开始时也想扶持太平军，只是后来没有扶持成。

第三个原因，国内汉族地主阶级的崛起，也就是湘淮军的崛起。太平天国运动中，向荣的江南大营崩溃以后，清朝的整个军事体系也被摧毁了，八旗军不行，绿营兵也不行，清朝只能靠着湘淮军曾国藩、李鸿章、左宗棠这些人。

正是这样的三个原因，清朝死而复苏，恢复元气，把太平天国镇压下去。从此形势发生了根本性的变化，跟鸦片战争之前的形势完全不同。最大的不同就是外国势力的入侵，中国社会上不再是地主和农民两支力量，还增加了一支外国侵略势力，从此中国社会有两个任务要完成。第一个任务是抵抗外国的武装入侵，外国欺负你，你必须进行抵抗。当然由于力量悬殊，打不过外国，但打不过也必须抵抗，因为妥协更没有出路，列强还是要欺负你，战争的侵略性质就决定了这一点。进行抵抗，则可能在抵抗中得到锻炼，得到成长。为什么说近代的主和派误国，就是上述原因。李鸿章打日本也是这样一种情况，当时确实是打不过日本，但不打不行，因为日本要打你。对日本而言，不打败中国就起不来，就不会成为一个资本主义国家，只有打败中国，从中勒索很多赔款、土地，才能够得到原始资本积累。所以日本非要打中国不可，你没法退让。当然李鸿章也有他的考虑，他觉得不打，请别的国家调停是不是也可以，历史证明这条道路是走不通的。妥协之后，不仅要赔款，还要割地，而且失去了民众的民族自信心和尊严，这更危险。反对外国侵略这个任务就这样从清朝中叶一直延续到了1945年。

第二个任务就是必须要向侵略者学习。这就矛盾得很，要抵抗侵略就必须向他学习，"师夷长技以制夷"。学习西方先进的事物、先进的文化、先进的制度，抵抗外国侵略，争取民族独立。不学习就不能前进，不学习外国的长处，抵抗就会不断失败，而且所谓爱国行为、抵抗行为就会转化为盲目的排外，正义的爱国的抵抗就会变成非正义的排外的屠杀。义和团就是这样，抵制侵略发展到对一切外国人不分青红皂白地屠杀，本来正义的反抗，就变成了非理性的行动。

第七阶段：洋务运动为什么步履维艰？
——清朝自强运动及其失败（1865—1895）

从太平天国失败到甲午战争失败，这三十年的历史就是洋务运动的历史。外国势力进入中国后，整个封建社会向半殖民地半封建社会转变，各种事物和人都在变化。

洋务运动的历史，充满着外国的侵略，伴随着和外国的谈判、交涉、妥协、反抗。十九世纪六七十年代，发生修约热潮，侵略国通过修改条约进一步侵略中国；发生很多教案，如天津教案、浏阳教案等；接着发生马嘉理事件，马嘉理在云南被杀，中英在烟台进行谈判；接着是琉球（就是现在的冲绳）交涉，日本侵占琉球；接着是伊犁交涉，俄国侵占了伊犁，中俄剑拔弩张。十九世纪八十年代，中国与法国在安南（现在的越南）发生战争；跟日本在朝鲜发生冲突。一件事情接着一件事情。在此期间，清朝也有抵抗的一面，整顿武备，学习外国，建立了北洋海军。北洋海军当时在全世界是名列前茅的，日本的舰队开始时也赶不上北洋海军，是到甲午战争前夕才赶上的。但是，清政府对外国也有妥协的一面，好多仗都没有打起来，只有中法战争打起来了，虽然最后中国战胜了，但结果却签订了一个屈辱的条约。无论抵抗还是妥协，都没有胜利。因为胜利与否取决于国家的实力，我们国家的实力不行，但只要抵抗就有希望，能够从中得到锻炼和成长。

从一系列的失败中，清朝开始认识到了西方船坚炮利的威力，于是学习开兵工厂，开了上海、南京、天津、福建四大兵工厂，又开办轮船招商局、开平煤矿、上海织布局、漠河金矿，等等。工厂、铁路、矿山、轮船带来了军事上和经济上的利益。同时又急需人才，因为开工厂邀请外国工程师，但没有翻译，于是开同文馆，开船政学堂，送学生到美国去留学。后又组建北洋海军，中国在近代化的道路上迈开了步伐。但是，中国顽固派的势力太强大，要创新，要改革，阻力重重，非常困难，每走一步都要遭到顽固派的反对。这三十年的历史，如果仔细看看那些资料，真是令人长叹。

轮船招商局开办后不久就遭到弹劾，1873年开办，1874年就弹章山积，那些御史骂轮船招商局贪污，骂李鸿章。李鸿章总算顶住了他们的弹劾，但轮船不准开到弹劾者管辖的地方，如湖南就不准轮船开进去。北京要开同文馆，招收一批科举出身的高级人才进馆学习外国语言文字，结果大街小巷的揭帖多得不得了。以大学士倭仁为首，骂奕䜣"用夷变夏"。奕䜣没办法，上奏折请倭仁来管同文馆。倭仁故意从马上掉下去，说受伤了要休养，不能管了。科举出身的人员都是中国的精英，结果没有一个人来报考同文馆，同文馆凄凄凉凉。留美学生是派了十二岁的小孩去，准备学十五年，但到了第九年就都撤回来了。为什么呢？说这些孩子在外国辫子也剪掉了，西装也穿了，有的还从了基督教，每周去做礼拜。那些官僚一看，这还得了！他们没有完成学业就被撤回来了。当时容闳、李鸿章都反对撤回，但挡不住。从刘铭传、李鸿章上书要建铁路开始，争论了整整十年。朝廷里一片反对之声，说铁路一开要轧死人，破坏风水，造成很多挑夫、小贩失业，等等。李鸿章在唐山到胥各庄之间开了一条十几里的运煤铁路，开始时不敢用蒸汽机，在轨道上用马拉。可见阻力之大，难以想象。后来为了说服慈禧太后，在中南海到北海之间修了一条铁路。我觉得慈禧太后是李鸿章的"学生"，是李鸿章教她学习外国的，很多事情李鸿章也是在慈禧太后的支持下才进行下去的，因为在全社会没有多少人赞成的情况下是进行不下去的。洋务运动搞了三十年，有几个科举人员出来干洋务？没有。风气闭塞，开风气是非常之难的，老牛破车，中国的顽固势力太强大，包袱太沉重，一下子甩不掉。

中国是这样，日本却抓住了历史机遇。日本和中国一样也是一个封建国家，但是它的包袱比较小，比较早地接受了西学。它的明治维新跟我们的洋务运动是同时起步的，但它走得快。日本也一大批一大批地派留学生出去，如伊藤博文；也开工厂，比中国洋务运动的煤矿、轮船招商局开得还晚。但到甲午战争以前，日本已经开了国会，成立了议会，制定了宪法，三十年时间走在了中国前头。当时的历史形势就是这样，中国和日本在竞赛，谁走在前头谁就上来了。如果当时中国打败了日本，中国就上去了，日本上不去；反之日本打败中国，中国就上不去，日本上去了，这是一个你死我活的竞赛。中国就是由于走得慢，结果甲午战争一再失败，割地赔款，把台湾割走，本来辽东半岛也割走了，旅顺、大连是三国干涉还辽，花了三千万两银子赎回来的。甲午战争赔款两亿，相当于当时日本六年的财政收入，日本把这些钱用来扩充军队、开军工厂、搞教育、建铁路，经济一下子上去了。在那样的世界里，中国落后了，就要受人家的欺负、蹂躏。

第八阶段:为什么革命是告别不了的?
——清末改革和清朝覆亡(1896—1912)

这一段是从甲午战争以后,一直到清朝灭亡。甲午战争以后,列强瓜分中国,日本割去台湾,别的国家跟着效仿,争先恐后,德国分走山东,俄国分走旅顺、大连,英国分走长江流域,法国分走华南……甲午战争和当时瓜分中国的局面促使了中华民族的觉醒,反对割台的声浪惊天动地,台湾的老百姓、北京的举人都强烈反对,这是中国群众运动的开始。接着就是戊戌变法。戊戌变法时,中国也是封建力量太强大,维新力量太弱小。要改革科举,当时的知识分子都是靠科举考试做官当老爷的,把这个生路断了,他们干吗？所以要废止科举很难。要改革军队，裁军，也是闹了几十年，洋务运动的时候就说要裁军，各省的督抚纷纷反对。要把旧的军队裁掉，另外拿钱去练新军，新军归洋务派管，哪个总督、巡抚肯干呢？士兵也不干，军队裁员后他们就失业了。要办教育、开学堂，当地的士绅都不同意，说把外国的东西都弄进来了。连和尚、道士都不干，因为要搞学堂，一般都是把庙宇改成学堂。要裁冗员，精简机构，北京城的官吏都反对。由于反对的力量太大，维新派又只有几个知识分子，既没有军队，也没有群众，怎么能够胜利？当年，器物层面的改革，就是轮船、枪炮、铁路、火车等，利好逐渐显露出来，人们可以接受了，但是，制度层面和思想层面上的改革，人们不接受。什么叫立宪，什么叫宪法，什么叫民权，人们都不知道，人们只知道纲常伦理至高无上。所以维新派被孤立，慈禧太后发动政变。当然政变里也有一个策略的原因。当时维新派走投无路，就想包围颐和园劫持慈禧太后。本来我们认为这个事情可能是袁世凯告密造谣，现在看来实有其事。在日本发现的毕永年日记，记载了"围园劫后"的详细情况。维新派想孤注一挪，劫持慈禧太后，让光绪帝出来下命令硬干。即使这件事成功了也不行，因为当时的阻力太大了，何况当时没有成功，慈禧太后一个谕令，维新派人头落地，六君子牺牲。

戊戌变法是清朝挽救自己的最后一个机会，虽然这个机会成功的可能性不大，但是错过了这个机会，清朝只能走向灭亡，没有第二条路。所以戊戌变法以后，特别是义和团以后，社会上的精英分子很快站到清朝的对立面，很快走向革命。二十世纪中国革命的潮流汹涌澎湃，势不可当。历史证明，在中国这样的国家，要改革几千年的封建制度，阻力非常大，只有各种社会力量汇合起来，和旧势力决一死战，才能够冲破这种阻力。所以中国革命的形成，从某种意义上说，是旧势力强大的反应和刺激的结果，革命是客观形成的，不是谁制造出来的。孙中山当年在兴中会时感慨没有人跟他革命，到了二十世纪，人一下子都来了，是整个客观形势变化的结果。

有一种论调是"告别革命"。我说革命是告别不了的，即使你要跟它告别，它还会来找你；如果你硬要跟它告别，你就会变成反革命，康有为就是典型。康有为本来是进步分子，但他不愿意革命，结果变成保皇派，后来张勋复辟时，他变成复辟派，成为反革命。告别革命就成为反革命。历史形势的发展表明，这样的中国不可能走英国、日本那样的道路，必须要用积聚的全部社会力量打破旧的阻碍，历史才能前进。把社会力量积聚起来，这就是一种革命形势。义和团运动本来是在民族危机下农民自发的爱国运动，但是它排斥新事物，反对西方的一切，拔电线杆，拆铁路，杀"大毛子""二毛子"，不加区别地对外国人滥施屠杀，变成一种盲目的、失掉理性的排外运动，这也是一种历史的悲哀，最后和慈禧太后这样的守旧势力合流，失败是必然的。后来清朝搞新政、搞立宪，想在这样的形势之下挽救自己，但是为时已晚，时机已经过去。历史就是这样，时机过去就不会再来的。戊戌变法时没有这种群众的革命形势，到新政时革命形势已经起来了，人民已经不允许你再搞了，内外矛盾更加激化、复杂，清政府在人民心目中完全失去了威望和尊严，成为一个卖国政府。革命派的势力抬头，孙中山的威望上来了。同时，在新经济、新文化之下发展起来的立宪派希望通过立宪限制专制的权力,争取个人的发展,但清朝不愿意把权力给他们。还有汉族的袁世凯这些人,也跟清朝闹矛盾,结果被以足疾开缺回籍。所以清朝的最后几年满族亲贵搞集权、搞皇族内阁时,全国一片反对的声浪,人民反对它,革命派反对它,立宪派反对它,连汉族地主也反对它,你说它还能有活路吗?可以说是众叛亲离。所以武昌起义枪声一响,全国响应。孙中山在国外都不知道此事,是在火车上看到报纸才知道的。革命形势到达一定顶峰后就要爆发,没人领导它都会起来,不可避免。所以武昌首义登高一呼,各地响应独立,清朝对中国二百六十八年的统治土崩瓦解,就此灭亡。清朝灭亡是政治上的一件大事,结束了两千多年的封建专制。

以上是清朝三百年历史的一个轮廓,一个主线。

历史已经过去,不会再发生变化,问题在于认识历史的各种人,不同时代的人认识不一样。首先,历史发生了什么要弄准确,为什么会发生,怎样发生的,要提出背后的问题。有很多问题,光靠历史资料、史事,看不出背后隐藏的东西,史料不会直接告诉你,而是需要你去探索,经过各种比较、研究,才能探索出规律性的东西。我们这部书的目的就是要探索出规律性的东西。

清史资料，浩如烟海，要竭泽而渔是不可能的，但要尽可能看更多的史料，要全面掌握史料，这样才能进一步考虑，才能深入，而且要对史事非常熟悉，闭上眼睛一想，一幕一幕的历史场面要像放电影一样展现在眼前。然后在这个基础上弄清事实，校正史料，让人物、历史生动地凸显出来。这还不行，还要有思想，要琢磨这些场面是怎么回事，为什么发生。要把思想的光芒照射到史实上，形成对历史的看法，这样才能有突破、飞跃。所以，第一条必须弄清史实，第二条必须从史实中得出结论，第三条要运用正确的、科学的理论武器。经过这样提炼出来的提纲才能够站得住脚。创新不一定要求全面创新，在某个方面有创新就很不容易了，要表现亮点，产生思想的火花。这里面没有秘诀，就是读书，在前人基础上，掌握史料，打开视野，解放思想。前人的成说、结论我们要尊重，但不要迷信，可以超越它。

第一章 清朝的统一

第一节　满族的崛起

满人入关以前的明朝总形势是什么样的？满族是个很小的民族，处在东北一隅（辽宁新宾），在明朝强大势力的包围下，它是怎么发展的，怎么脱颖而出的，碰到了什么历史机遇，怎么能与明朝抗衡，怎么打败的明朝？

建州女真在前三十年主要对付海西女真，避开了明朝，没有和明朝直接冲突。建州女真在统一自身之后，接着与哈达、辉发、乌拉、叶赫等海西女真部斗争，一面用武力征服女真内部的反对势力，一面又把它们团聚整合，成为自己的力量，用了三十多年的时间。内部是怎么统一的呢？打完后再收容、整合，

第一章 清朝的统一

善待被征服者，完全当作自己人。本来敌对双方打完了，杀了人，双方会成为仇人，可满族安抚、重用被征服的部族，这是它在崛起之初拥有的包容、团结之精神。例如康熙时的权臣明珠，本是叶赫部金台石贝勒的孙子，叶赫部与建州女真是宿敌，连年攻杀。努尔哈赤攻打叶赫，尽焚其村寨，灭其部落，金台石被俘缢杀。明珠与清廷有杀祖之仇，但努尔哈赤善待叶赫余裔，并未斩尽杀绝，也不以奴畜之，而是养育了明珠的父亲等，后来明珠因有才能，得以重用。明珠也不因杀祖之仇而怨恨清廷，反而化解了仇恨，甘心效忠，以侍卫晋用，迅速升擢，康熙三年（1664）已任内务府总管，后来官至武英殿大学士，权倾一时。以明珠的际遇，可见初兴的满族，有广大的包容力，能化敌为友，善用降人，因此，越战越强，四面八方的部族都来归附，其势力像滚雪球一样，越滚越大。

即使皇族内部也是如此，努尔哈赤本与其弟舒尔哈齐位势相埒。舒尔哈齐因与其兄争权，被囚禁，最后他和其中两个儿子被杀害。舒尔哈齐共有九个儿子，其他儿子并未被株连，均被任用授爵。舒尔哈齐第二子阿敏，后来位居四大贝勒，排序第二，掌国政，后又得罪皇太极，被囚禁至死。舒尔哈齐第六子，阿敏之弟济尔哈朗仍未被弃用，居高位。皇太极死后，济尔哈朗与多尔衮共同执政，称辅政王。皇族内部即使相残，亦不株连其兄弟子女。

满族内部最危险的一次内争就是皇太极死后的继承人之争。两黄旗欲立皇太极长子豪格为君，多尔衮、多铎所属两白旗欲立多尔衮为君，其他有从黄旗者，有从白旗者，也有中立者，双方壁垒分明，剑拔弩张，势将火并。豪格见形势紧张，表示让步，多尔衮亦表示不愿继帝位。两人均退出了争夺，形势缓和，商议立皇太极第九子、尚在幼年的福临（顺治帝）为嗣皇帝，由多尔衮、济尔哈朗共同辅政，一场势将爆发的严重冲突才缓和消解。这事发生在李自成攻占北京之前半年多，如果这场内部冲突不能和解，黄白旗双方势力相当，必有长期激烈之内战，如同太平天国的内讧一样，力量消耗，人心涣散，很可能会丧失挥师入关、统治全中国的机会。满族的崛起和它具有坚强的团结力、凝聚力、包容力有密切的关系。

满族崛起之初，还拥有开放、学习的精神。满族处在各种势力的包围之中，外部环境的压力虽大，但

第一章 清朝的统一

大清入关的首位功臣：多尔衮

也有好处，迫使它吸收了周围各种势力的文化。如果一个民族不吸收优秀文化，就不能进步。满族一开始是学习蒙古族文化和朝鲜族文化，后来接触了汉族，又学习汉文化。皇太极积极学习汉文化，重用投降的汉人，采用汉族的制度。红衣大炮也很快学会了，而且在战争中起了非常重要的作用。所以，一个新的民族共同体在形成的时候，当它乘风破浪前进的时候，会产生一种向心力、凝聚力，会产生英勇作战、努力学习的精神和风气。中国古代少数民族兴起都是这样。契丹、女真、蒙古，莫不如此。一个民族的崛起会形成朝气蓬勃的民族精神，否则不可能崛起。这样来理解历史，可能就与以前不一样了，解释了满族是怎么兴起的。当然满族还有很多别的优点。

满族正式诞生于1635年，这一年废诸申，改称满洲。这个日子很重要，在中国土地上崛起了一个民族，同时诞生了新的朝气蓬勃的民族精神，这种民族精神推动着它前进。

一个时代有一个时代的形势，当时的辽东开始出现从分散到统一的形势，要完成这个趋势就必须要有强人的出现。海西哈达部的王台好像是第一个顺应这种趋势的人。他一度统一了海西四部。明朝总兵李成梁不行，他用钱与各民族贸易，把他们养肥了，管理无方，用"以夷制夷"的老一套，没有长远的战略，所以形成了东北部族的崛起。但王台晚年昏庸，他与明朝关系也比较好，是依靠明朝强大起来的，这在一定程度上也限制了他的发展。王台死后，他的儿子不行，又出现了努尔哈赤，他是顺应统一趋势的第二人。努尔哈赤与王台所部联姻，不怎么依靠明朝，当

第一章 清朝的统一

然开始时也不得罪明朝,以他英勇的才略逐步统一了女真各部,所以,统一的趋势出现以后,关键就看谁能抓住统一的时机。

满族崛起之初还有第三个优点即是和汉族不相混淆、保持距离的主体精神。汉族有上亿人口,满族把汉族包容进来,犹如一条小河要包容汪洋大海一样,势必会被大海吞噬,惨遭灭顶。满族在包容大民族时,为了保持自己的民族主体性,保持满族的身份、特权、传统、习俗、语言、信仰,不被迅速同化,故而采取各种措施,提倡满语、骑射,保持萨满教的信仰,不失其主体性。进北京后,分城别居,满族居住北京内城,后扩充到圆明园、香山周围、玉河沿岸以资警卫,汉人都被赶到南城。各地驻防旗兵都住在内城与汉族隔离。甚至在占领江浙之后,强迫汉民剃发易服,触动了最敏感的民族情绪,引起汉民的强烈反抗。有人说,这是多尔衮的失策。当时多尔衮也很犹豫,后来坚决下令剃发,我觉得他可能不得不这样做。如果江南财富之区的老百姓都不剃发,不认同清朝的统治,服饰发辫异样的少数满族人生活在多数汉族人中间,就会显得孤立,对清朝的长久统治十分不利。多尔衮即使没有非常明确地认识到这一点，也会朦胧地有所感觉。所以他下剃发令先是犹豫，后是坚决。

满族崛起时还具有英武善战的精神。它是生长在草原山林中的狩猎农耕民族，骑马射箭、打斗扑击是其擅长，中国历史上新兴的北方游牧民族都有这种尚武精神，如匈奴、鲜卑、突厥、契丹、女真、蒙古、满族，所以北方诸民族能对农耕为业的汉族进行强有力的攻击。汉族人数虽众，但往往挡不住它们的攻势。

最后一点是满族的组织性。北方民族平日居住散漫，相互攻斗，联系松散，缺乏强韧的组织，但它们从相互的兼并战斗中，逐渐聚合，联系密切了。一旦出现强人，以一种组织形式部勒其众，整肃队伍，严明纪律，那就会爆发强大力量，成为一支战无不胜、攻无不克的劲旅。这种组织形式就是八旗制度，是努尔哈赤在长期狩猎和战斗中创造的。他把建州、海西、野人女真三部，若干蒙古及其他部族整合起来，组成了一个朝气蓬勃的新兴的统治集团。中国历史上曾有许多北方民族的兴起，大概都有类似的活力和神奇色彩。

具有以上这些特点的满族，虽然起初弱小，但比起周围的政权，它具有重要优势，即民族精神上的优势，而非人多或物质优势。再加上努尔哈赤、皇太极两位领袖文武双全，富于韬略，所聚合的领导群体，既英武勇猛，又有雄才大略。看看它和明朝的初战——萨尔浒战役，明军十万余，号称四十七万大军，以杨镐为统帅，兵分四路，攻打后金。努尔哈赤所部共六万人，沉着应战。努尔哈赤见明军虽多，但兵力分散，士无斗志，于是集中兵力，各个击破。努尔哈赤说"凭尔几路来，我只一路去"（《辽事述》），先集中力量迎击明军之主力杜松于萨尔浒，猛烈攻击，大获全胜，"死者漫山遍野，血流成渠"（《满洲实录》卷五）。得胜后迅速挥师北上，第二天，大败北路马林所率明军，马林逃窜，仅以身免。接着后金军返旗东向，伏击正向赫图阿拉进攻的明军刘綎部。刘綎战死，东路明军全军覆没。第四路李如柏所率明军仓皇撤逃，才免了被歼的命运。五天之内，后金军连续作战，三次大捷，指挥灵活机动，行动迅速敏捷，战斗勇敢顽强，创造了速战速决、以少

抚顺萨尔浒之战书事碑亭，1973年文物普查，曹汛绘

胜多的战例。从此，后金的力量大增，对明朝的策略从战略防御转入战略进攻。

早期蒙古比建州女真强大先进，既是努尔哈赤的敌人，又是他的帮手。满族的文字和官制是从蒙古学来的，以后在战斗中与蒙古部落结盟、联姻，得其帮助后满族逐渐强大，人口骤增而战争频繁，消耗甚大，壮年丁口都去打仗了，没有人种田生产，于是需要远征关内，抢掠人口、粮食、财物。但山海关防守森严，清兵根本过不了关，就绕道从喜峰口、古北口、大同进关，假道蒙古直抵直隶、山西、山东，

第一章 清朝的统一

大肆劫掠,满载而归,甚至还包围了北京,对明朝造成重大威胁。皇太极的这种策略,既解决了自己的供需,又削弱了明朝,斩其枝叶,动摇其根本。

反观明朝,内部党争几十年,矛盾深剧,不可化解。万历皇帝长期不见百官,不理朝政;天启皇帝信任宦官,残害忠良;崇祯皇帝虽有振作之心,但刚愎自用,猜忌心重,任意杀戮大臣,连干城之将袁崇焕也惨遭冤杀;再加上李自成、张献忠起义,干戈扰攘,烽烟四起……双方形势与才略相较,优劣显然。故明朝虽是庞然大物,但已如枯木朽株,满族虽初起力微,僻处东北一隅,但努力自强,如日初升,它最后脱颖而出,取代明朝是历史的必然。

第二节 平定南方

清军入关、平定南方这段时间的历史：一是把十七世纪的清朝放在世界背景之下，放在十六世纪传统之后，在更广阔、更长的时段内思考；二是清军入关后对全国按照华北、江南、东南、西南等进行区域性分析。分区域的分析是个突破，因为每个区域碰到的问题不一样，对策也就不同，表现出的历史过程也不同。譬如，华北地区是经过了长期战争破坏的地区，清军在此掳掠，李自成也曾在这里作战，此时的明军已经没有抵抗力了，整个防御体系崩溃了，抵抗信心也没有了。清军来了，老百姓就逃了。江南不一样，是个富裕地区、知识密集地区，也没有经过战争的破坏，李自成没有来过，元气没有伤，还有点力量，但不是正规的军队，只有江北四镇，军队纪律很差，战斗力弱。弘光政权没有思想准备和军事准备，所以史可法一死，清军很快渡江。但江南财富力量强，文化发展程度比较高，当地的民众对夷夏之防、古代民族主义的信念很浓，他们对明朝倒不一定迷恋，但对古老的夷夏观很迷恋，非我族类，其心必异。所以，你不改衣冠、不剃发还行，一旦改衣冠、剃发就翻了天了。所以，多尔衮剃发易服的命令触动了他们的民族敏感点，引起强烈反抗。

清朝很重视江南的财富。失去这个地方，就统治不了北方，所以对江南镇压得很厉害，江南进而出现了很多抛头颅、洒热血的义士，这是传统民族主义的表现，但一直没有一支像样的军队。过去的江北四镇，高杰、黄得功、刘泽清、刘良佐等类似土匪部队，没有纪律，也没有战斗力。高杰、黄得功死后，刘泽清、刘良佐降清，成了镇压人民的力量。江南人民的抗清起义很多，由于剃发易服而起来反抗，如江阴的阎应元，松江的陈子龙、夏完淳，余姚的孙嘉绩、熊汝霖，东阳的张国维，宁波的钱肃乐，金华的朱大典，纷纷起兵，但他们缺乏有组织、有训练的正规军队，虽英勇作战，但终被清军所扑灭。江浙、安徽长期潜藏着一股反清暗流，许多知识分子和明朝遗臣参与其中。清朝进行严厉镇压，对官绅士人控制甚严，发生了许多大案要案。如奏销案、明史案、科场案、通海案、哭庙案，矛头都冲着江浙皖地区的官绅知识分子，直到康熙亲政后才逐渐改变政策，开博学鸿词科，编纂书籍，拉拢明朝遗民与士人，这一政策十分重要，安抚了江南知识界，缓和了矛盾。

怎样评价南明人物激烈反抗清朝的斗争？应该充分肯定像史可法、黄道周、何腾蛟、瞿式耜、张煌言、郑成功、李定国等的抗清斗争。清朝入关之初，实施民族压迫政策，如圈地、逃人法、易服剃发令等，每个民族都有保卫本民族利益和传统文化的权利，他们起而反抗是合理的。尽管今天来看满族也是中华民族的一分子，但当年满汉是不同的民族、不同的政权、不同的风俗习惯，并没有交融合一，整个中华民族大家庭的概念尚未最终形成，境内民族之争也有个是非问题，也有个强大凌虐孱弱的问题。最先，强大的明朝欺凌弱小的建州女真，而后战争的力量彼

第一章 清朝的统一

此逐渐发生变化。崇祯末年,已经强大的清朝屡次入边抢掠汉族的人口和财物,进入中原和南方,对广大汉族民众进行压迫。我们不能把史可法、郑成功、李定国的反抗视为对新兴势力的反抗,违抗统一,自取灭亡,而把清朝入关之初的残暴镇压、滥杀无辜,视作正义战争。当时清朝和南明谁能统一中国尚在未定之中,随着战争的进展,清朝和南明的势力互有消长,彼此的政策均在不断调整,这场战争不仅是军事的斗争,也是政治的竞赛。优胜者是清朝,因为它在逐渐改变野蛮落后的政策,愈益进步,愈益顺应人心,而南明内部争夺激烈,钩心斗角,不能协力抗清,各种措施失当,导致最后失败。顺民者昌,清朝最后统一了南方。

当清军进入东南沿海一带时,他们遇到的对手是一批海商、渔民和海盗,海上作战能力甚强,且有对外贸易之利,财力较充足,而海上作战恰恰是清朝八旗兵的弱项,故郑成功等能据守厦门及沿海港口、岛屿,与清军战斗,相持甚久。

清军进入湖南、广西、贵州战场,遭遇又是另一种情形。抗清的主力军是李自成、张献忠的余部,李过、郝摇旗、高一功、孙可望、李定国，都是久经沙场、能征善战的劲旅，战斗激烈得多。山高路远、土司林立的贵州、云南，是三国时诸葛亮七擒孟获的地方，清军在这里作战艰难得多。但那时清廷已统治全国许多地方，财富充足，兵力甚众，西南一隅之地已难对抗清廷举国之力，尤其是清廷利用了吴三桂、孔有德、洪承畴等汉族降将降臣的力量抵消了自己在南方作战不利的地理因素，南明终于失败了。

所以清军入关之后，进入不同地区，遇见了不同的环境，不同的对手，也出现了非常不同的复杂的历史过程。这里有个问题，清军入关，为什么没有形成"南北朝"对立、划江而治的局面？在中国历史上，北方游牧民族一旦拥有强大武力，越过长城，占领中原，至长江戛然停止，形成"南北朝"对立，东晋如此，南宋也如此，这是因为游牧民族不能适应南方的气候、风土饮食，战斗力大为削弱。为什么清朝入关后能够长驱直入，跨过长江，进兵闽粤，深入西南，统一关内全部地区，而没有出现"南北朝"对立的情况？

第一，清朝是一元化领导，尽管内部也有许多矛盾，但内部解决，不使其扩大，不影响领导权。多尔衮大权独揽，后顺治继之，清朝有统一、权威的领导，可以集中力量，一个拳头打人。而南明存在弘光、鲁王、隆武、绍武、永历五个政权，五个指头打人，力量弱小。

第二，满族八旗兵，渡长江作战，有较大困难，但清廷大量起用汉兵汉将，洪承畴、吴三桂、孔有德、黄梧、施琅等。洪承畴是福建人，文韬武略，对南方风土民情、天时地势十分熟悉；吴三桂、孔有德均是百战骁将。而东晋、南宋时，游牧民族南下并未大量起用汉人，只有苻坚重用王猛，但仅一谋士而已，金人用张邦昌、刘豫，但未给予兵权，而洪承畴曾指挥南方之全局。吴三桂、孔有德均是一方统帅，重兵在手，执掌大权，包括大批忽降忽叛的姜瓖、金声桓、李成栋，均曾为清廷出力，镇压南明。清廷利用以汉攻汉、以汉治汉之策略，故能成功。

第三节　杰出的康熙

从康熙帝平定三藩、收复台湾直到雍正去世，共五十一年，这是清朝走向兴盛的时期。

康熙是中国历史上一位杰出的君主，少年时代，计擒权臣鳌拜，夺回了政权，将三藩、治河、漕运三事写在宫内柱子上，牢记此三大要政。青年时代定议削藩，消灭了尾大不掉的吴三桂等割据势力，又决心收复台湾，练兵选将，一举成功。在南方军事行动即将胜利之际，立即把战略重点转移到北方。实行军事斗争、外交谈判与充实边防三者并举的方针，与沙俄签订了《尼布楚条约》。

明末清初，沙俄侵略军穿过外兴安岭，侵占了黑

第一章　清朝的统一

中年康熙画像

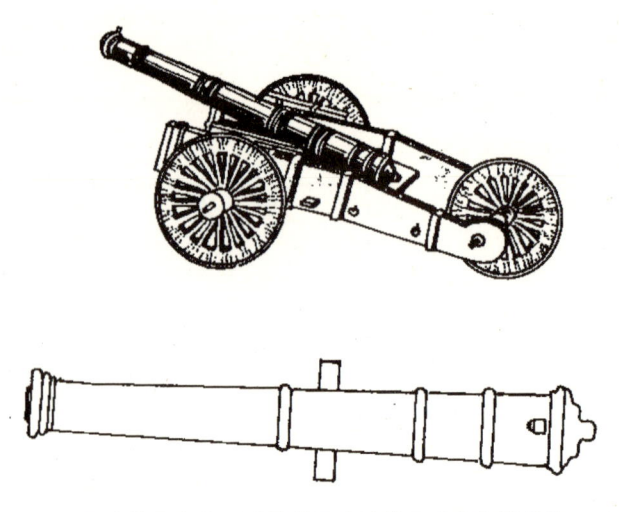

抗俄作战中立下了赫赫战功的神威无敌大将军炮

龙江流域，在强占中国领土尼布楚后，又占领了雅克萨，并在驻地修筑城堡，作为据点。清政府曾一度派兵收复过雅克萨，并曾多次敦促沙俄谈判解决问题，可是俄方却视而不见，置之不理。1685年，康熙帝下令命清军再次攻打雅克萨。在强大猛烈的攻势下，沙俄侵略军投降，可是当清军离开后，俄军又偷偷地进驻雅克萨城重建城防工事。翌年，清军又攻下了雅克萨城，俄军损失惨重，沙俄才不得不接受双方举行和平谈判的建议。1689年8月22日至9月6日，清政府派出全权代表索额图与沙俄代表戈洛文在中国尼布楚城

第一章 清朝的统一

举行正式谈判，于9月7日签订了《尼布楚条约》。条约主要内容：确定中俄两国的东段边界，以格尔必齐河、额尔古纳河和外兴安岭往东至海为界，河、岭以北属俄国，以南属中国；拆毁雅克萨的侵略据点；在中国境内的俄国人，在俄国境内的中国人，仍留原处，不必遣还；两国人民凡持有护照者，准许贸易往来。《尼布楚条约》肯定了黑龙江和乌苏里江流域包括库页岛在内的广大地区都是中国的领土。

随后，康熙又用兵八载，多次亲征，攻打准噶尔。

在消灭三藩之后，准噶尔蒙古是康熙的最大威胁和对手，因为准噶尔雄踞伊犁，兵力强盛，不但统治北疆，而且控制和影响南疆、西藏、青海与中亚地区。当中俄双方在黑龙江上对峙时，准噶尔向外蒙古三大汗发起进攻，逼三大汗南逃，兵锋直指内蒙古，到达乌兰布通。乌兰布通地区距北京仅四百公里，人心惶恐，"京师戒严，每牛录下枪手派至八名，几于倾国矣。城内外典廨尽闭，米价至三两余"（《广阳杂记》）。康熙迎战准噶尔，开始只是采取防御措施，后来战局顺利，形势变化，成为一场统一西部、北部的战争。

关于乌兰布通的胜负,有不少疑团。据《东华录》所载统帅福全(康熙之兄,裕亲王)的奏折称,八月初一"未时交战,至掌灯时……大败之,斩杀甚多",康熙闻此捷报"大喜,焚香谢天"。故后来历史书中据此而称乌兰布通大捷。既战胜,则应乘胜追击,而福全却接受噶尔丹的议和请求,停止了追击。噶尔丹率兵逃遁,康熙责备福全不该"坐失事机",意见甚大。福全班师,康熙令他停驻朝阳门外,不令入城,后福全被革去了议政王,罚俸三年,而且几乎带兵的全部将领,包括康熙的弟弟常宁,大臣索额图、明珠等,全都受到惩罚。康熙和哥哥福全,手足之情深厚,战争又获得大胜,仅是未擒拿到噶尔丹,何以遭此重谴?福全甚至自请死罪,康熙不客气地对福全说:"要死你就该死在战场上。"牵连这样多的人,令人起疑。直到笔者看到当时的外国传教士李明在北京听到的消息,其大意说:皇帝派兄长率兵征讨鞑靼(指准噶尔蒙古),鞑靼军瞄准战机,及时出击,以少胜多,打败了王者之师,官兵全面败北,溃不成军,而国丈(此处李明误,实为国舅佟国纲)

第一章 清朝的统一

率勇猛善战的炮营战死疆场。福全回北京，康熙亲自审讯他战败之罪，福全自请死罪，康熙震怒回答："你咎由自取，应该战死在沙场，不该死在北京。"（《中国近事报道》220页，述其大意）

从李明的记载看，乌兰布通之战，清军是一场败仗，国舅佟国纲和名将韩大任战死，福全讳败为胜，谎报军情，时康熙的皇长子允禔在军中，可能已将福全措置失宜、指挥不当之处密报父皇，但康熙不信允禔之言，斥责允禔"听信小人谗言，与裕亲王不协"。当然纸里包不住火，战败的消息传来，康熙的震怒可想而知，故有不令福全入城及福全自请死罪和康熙的重话，可见失败之惨与福全得罪之重。当然康熙并未处死自己的哥哥，仅革职罚俸，从此终福全一生，不再让他带兵作战。大概乌兰布通战败，当时北京人皆知此事，故李明记录此事，作为一个外国传教士，没有把胜仗说成败仗的理由，因而他的说法是可信的。况且康熙不令福全入城与众将领革职罚俸载在官书，如果打了胜仗，不应这样对待凯旋之师。

奇怪的是乌兰布通之战发生在康熙二十九年（1690）八月，而《清圣祖实录》（以下简称《实录》)中对此战只字未提,八月《实录》记事寥寥无几,只有一页半,而在七月《实录》中却记载给国舅佟国纲议恤以及韩大任祭葬之事,佟国纲所率炮营,李明称其勇敢善战,韩大任为当时名将,时任职火器营(大概佟国纲、韩大任和火器营全军均战死。《实录》把他们战死时间提前了一个多月,这年有闰七月)。当时档案还明明保存着,因为蒋良骐在乾隆后期纂修《东华录》时使用了福全奏报乌兰布通大捷的战报,雍正时编《清圣祖实录》,应该是讳败不言,竟把乌兰布通这一重大战役,全部从《实录》中删去,不见其踪影,可见《实录》不可全信。

延至1696年,即乌兰布通之战六年之后,康熙又亲自率兵出征,费扬古等在昭莫多地区设伏诱敌,打败噶尔丹,噶尔丹之妻阿奴阵亡,才重创了准噶尔军,后噶尔丹败亡。

噶尔丹虽死,但准噶尔问题并未解决,伊犁已被策妄阿拉布坦所据,新疆路途遥远,地多沙碛,清廷的物力、财力尚不能远征伊犁,只能在边境设防。至康熙后期,准噶尔实力恢复,进兵西藏,在喀喇乌苏大败清军。康熙派皇十四子允禵驻军青海,先锋岳钟

第一章 清朝的统一

《康熙南巡图》（局部）

琪入藏，驱逐准噶尔军。至雍正时，平定了青海的罗卜藏丹津，又在蒙古的和通泊、光显寺作战，双方互有胜负，以议和告一段落。

康熙的立足点和历代汉族帝王不同。汉唐宋明均以关内富庶之区为立足点，北筑长城，抵拒北方游牧民族的南下，而康熙不同，满族本崛起于东北，视东北为龙兴之地，入关前就征服了内蒙古，并与之结成亲密联盟，1691年多伦会盟，又团结了外蒙古的三大汗。他的立足点不仅在关内，而且包括东北与内外蒙古的广大地区。康熙的军事活动不是倚靠长城保护关内，而是造成对新疆的包围态势，故他不修长城，不以长城为内外之界。平定青海，安抚西域，驻兵于乌里雅苏台和巴里坤、哈密一带，压缩和限制伊犁的割据势力，这项统一全国的伟大事业，康雍两朝始其事，至乾隆毕其功。

康熙、雍正在内政方面，也很有成绩。劝农、垦荒、治河、蠲免赋税、摊丁入地、设养廉银、立军机处、严惩贪污等，总的来说，康熙的作风在"宽"，雍正的作风在"严"，雍正时文字狱增加，大多和反清复明或内部党争有关。

至于康雍之间，授受之际，疑窦丛生，争议难决。大体上可以做结论，雍正帝是不合法地夺取帝位，孟森、王锺翰、许曾重、杨珍的意见较正确，我们可采用其说。《雍正满文朱批奏折》一书中载有康熙近侍赵昌与太监魏珠在康熙死后很快被处死一事，此事尚无人提及。康熙一死，雍正放着许多大事不办，却偏偏先要杀掉康熙的两个亲信近侍，这也颇透露了重要的信息。

第四节　复杂的雍正

雍正是一位十分复杂而矛盾的历史人物，他是勇于革新、勤于理政的杰出政治家。他对康熙晚年的积弊进行改革整顿，一扫颓风，使吏治澄清，统治稳定，国库充盈，人民负担减轻，但他毕竟是封建皇帝，有着重大过失和种种局限。

雍正的主要功绩有：

1.摊丁入地。这是一项重大的赋税改革。中国自古就有人丁税，成年男子，不论贫富，均须缴纳人头税。雍正实行改革，将人丁税摊入地亩，按地亩之多少，定纳税之数目。地多者多纳，地少者少纳，无地者不纳，是谓"摊丁入地"，一举取消了人头税。这项措施有利于贫民而不利于地主，是我国财政赋税史上的一项重大改革。

2.耗羡归公。我国古代以银、铜为货币，征税时，银两在兑换、熔铸、保存、运解中有一定损耗，故征税时有一定附加费，此项附加费称"耗羡"或"火耗"，一向由地方州县征收，作为地方办公及官吏们的额外收入。耗羡无法定征收额，州县随心所欲，从重征收，有的抽正税一两，耗羡达五六钱，人民负担甚重。雍正实行"耗羡归公"，将此项附加费变为法定税款，固定税额，由督抚统一管理，所得税款，除办公费用外，作为"养廉银"，大幅度提高官吏们的俸入。这样，既减轻了人民负担，又保证了廉政的推行。故雍正说："自行此法以来，吏治稍得澄清，间阎咸免扰累。"

3.创立军机处，推广奏折制度。明代权力集于内阁，故有权相产生。清雍正把权力进一步集中在皇帝手中，创立军机处，作为皇帝的秘书班子，为皇帝出主意，写文件，理政务，"军国大计，罔不总揽"，其特点是处理政事迅速而机密。军机大臣直接与各地、各部打交道，了解地方情形，传达皇帝意旨。此

雍正像

机构存在二百年，直至清末。与军机处伴随产生的是奏折制度。由于以前的官文书批转手续繁复，且经多人阅看，时间拖延且难于保密，而奏折则向皇帝直接呈送，直达皇帝本人。雍正扩大了可向皇帝上奏折的人数，这样不同身份的官吏可以及时反映情况，报告政务，使皇帝洞察下情，以便制定政策；同时也使官员们相互监督，皇帝得以了解他们的贤愚、勤惰、政绩、操守。

4.改土归流。我国西南及其他一些少数民族聚居的地区，实行土司制度，为世袭制，仅名义上接受清朝的册封。土司们生杀予夺、骄恣专擅。这种制度妨碍了国家的统一和地区经济文化的发展。雍正即位后，废除了云南、贵州、广西、四川、湖南等地的土司制度，改成和全国一致的州县制度。"改土归流"是一场激烈的斗争，许多土司武装反抗，雍正坚决派兵平定。在平叛战争中虽然也累及无辜，给少数民族人民造成伤害，但从长远来说，"改土归流"是进步的措施，打击和限制了土司的割据和特权，对民族地区的经济文化发展有利。

此外，雍正还有许多值得称道的政绩，如惩治贪污，解放贱民，平定罗卜藏丹津，始派驻藏大臣等，为中国统一与发展做出了贡献。

但是，雍正也有严重的过失和局限。他在位期间虽没有出现大规模农民起义，但零散的反抗活动经常发生。雍正的镇压措施十分严厉，不论具体情节，抗官者即以反叛论处，斩杀不赦。甚至拒捕时，有人"共在一处，虽非下手之人，在旁目观，即系同恶共济"，均斩立决。对民间秘密结社的行为，嘱咐官吏们"时时察访，弋获首恶，拔树寻根，永断瓜葛"。苏州手工业的工人要求增加工资，于是罢工叫歇。雍正严加惩处，立碑永禁叫歇。雍正时文字狱日益频繁，汪景祺因"谄附"年羹尧被立斩枭首，查嗣庭因

吕留良像

趋奉隆科多被戮尸示众，陆生楠因议论时政被军前正法。最为轰动的是吕留良案。吕留良是清初具有民族思想的学者，去世四十年后，曾静、张熙读吕氏之书时，大受其影响，竟去策反岳钟琪，要他反清复明，酿成大案。吕留良被开棺戮尸，其儿子、学生都被处以死刑。雍正朝文网甚密，株连人众，处刑严酷。知识分子动辄得咎，于是形成闭眼不敢看现实、缄口不敢谈政治的沉闷风气。

雍正遵奉重农业、轻工商的信条。他说："农为天下之本务，而工贾皆其末也。市肆之中多一工作之人，即田亩之中少一耕稼之人。群趋为工，则物之制造者必多，物多则售卖不易，必至壅滞而价贱，是逐末之人多，不但有害于农，而并有害于工也。"根据这一理论制定的政策必然不利于工商业的发展。而且，他认为开矿"断不可行"，因为开矿将引诱人们离开农本，追求末业，而且矿工聚集一地，易于闹事。

雍正在对外交往中亦故步自封。当时来华贸易的外国商人日益增多，但雍正却不许中国商人出国贸易，并设置种种障碍，声言"海禁宁严毋宽，余无善策"。后来，在沿海各省的再三要求下，虽稍稍放宽海禁，但仍加以种种限制。尤其对久住外国的华侨商贩和劳工，"逾期不回……甘心流移外方，无可悯惜，不许令其复回"。当时，西方先进国家正在鼓励海外贸易，而中国即使是杰出的君主也缺乏世界眼光，限制对外交易，故而成为国际潮流中的落伍者。

雍正还好大喜功，急于求成。正因如此，河南垦荒，四川清丈，陕西挖井，直隶营田，本意为利民，却劳而无功，反成民间之累。他的性情偏急，喜怒无常，手段残酷，造成了许多冤案错案。他死后，乾隆继位，一反雍正苛严之治，实行"宽严相济"的方针，昭雪死者，释放囚犯，缓和了矛盾。故后人评："纯皇帝（乾隆）即位，承宪皇帝（雍正）严肃之治，皆以宽大为政……万民欢悦，颂声如雷。"

谈起雍正的继位问题，学术界历来有两种意见：一种认为他受康熙遗诏继位，是合法继承；另一种认为康熙并未传位于他，雍正是矫诏夺位。由于雍正即位后销毁了档案，现在已找不到他矫诏夺位的确凿证据。斧声烛影，已是千古的疑案，但从各种迹象推断，他的继位确实存在很多疑点。

康熙晚年，太子废立，诸子争位，闹得乌烟瘴气，储位虚悬，人心不定。当时因准噶尔入侵西藏，康熙命皇十四子允禵为抚远大将军，统兵援藏，给以大权，用正黄旗纛，称大将军王，礼仪隆重，规格极高，当是康熙意有所钟。康熙称赞允禵："大将军是我皇子，确系良将，带领大军，深知有带兵才能……"很多人心目中也以允禵为接班人，如皇九子允禟说允禵"聪明绝世"，"才德双全，我弟兄们皆不如"；"十四爷现今出兵，皇上看得也是很重，将来这皇太子一定是他"。可是，康熙在畅春园猝然去世，雍正与时任步军统领、掌管京师兵权的隆科多勾结密谋，夺取了帝位，而允禵远在青海，鞭长莫及，故而帝梦成空。雍正后来所讲康熙弥留前遗命传位自

第一章　清朝的统一

辽宁省档案馆藏《康熙遗诏》

己的情形，仔细推敲，矛盾之处甚多。如：说隆科多为唯一顾命之大臣，而其他谕旨中却说康熙死时隆科多不在御前；又说康熙传诏时皇十七子允礼在寝宫外侍候，而其他史料证明，允礼时在皇宫内值班，并不在畅春园寝宫外，如此等等。因此，是否存在这一临终传位的现场，实属疑问。

雍正的继位，激起了皇族内部的集体抗争，除皇十三子允祥以外，其他兄弟都反对。允禵是雍正争夺皇位的对手，从前线被调回，永远禁锢。皇八子允禩、皇九子允禟是雍正的死对头，雍正对他们痛恨入骨，将二人迫害致死。皇十子允䄉和皇三子允祉及允祉的儿子弘晟均被永远囚禁。皇十二子允祹被降爵贬秩。连雍正的亲生儿子弘时也不满其父的作为，竟站在八叔允禩一边，被雍正处死。据朝鲜的文献记载，雍正上台，被杀的宗室、官员达数百人。连康熙身边一位照料皇帝起居的内务府官员赵昌，在康熙死后也立即被杀，引起举朝震惊，这大概是赵昌太了解康熙去世和传位的真相，因而得祸。康熙生前长住畅春园，死后葬在东陵，而雍正长住圆明园，别建西陵，似乎要远远躲开父亲。须知雍正的迷信思想很浓厚，可能真的做了对不起父亲的事，才会有这类悖于常理的举止。雍正后来似乎也愧恧不安，因为乾隆曾说允禩、允禟"觊觎窥窃……诚所不免，及皇考绍登大宝……怨尤诽谤，亦属情事所有，特未有显然悖逆之迹……皇考晚年屡向朕谕及此事，愀然不乐，意颇悔之"。这是不是雍正受到了良心谴责的内心表露呢？

雍正的继位存在很多疑点，可能出于矫诏篡立。这样说并不是要抹杀他的历史功绩，而是说封建统治者骨肉相残是经常发生的。封建社会中，即使一个英明的君主也往往要用阴谋手段和残酷斗争来夺取和巩固统治，汉武帝、唐太宗、武则天、努尔哈赤都有屠兄弟、杀儿子、逼父亲的行为，雍正并不是个例外。

他作为一个最高统治者，勤于政务，洞察世情，以雷厉风行的姿态进行整顿改革。雍正统治的十三年是清朝统治的重要时期，承上启下，为以后乾隆时期的繁荣盛世打下了基础。

一个盛世的到来必定要以反贪腐作为先导，因为反贪腐是盛世到来的推动力，为盛世开辟道路，扫清前进道路上的障碍。比如乾隆盛世的到来就不是偶然的，是雍正皇帝的雷霆手段——全力以赴反贪腐，使乾隆初年官场风气清正，推动了盛世的到来。

贪腐导致财政、经济羸弱，国家发展阻力大，不打击贪腐官员，社会发展的工作进行不下去。从清朝来讲，康雍乾三朝反贪腐都有各自的特点，环境不同、手段不同，效果也不一样。

康熙继位以前，中国经过长期的战争，环境恶劣，不仅老百姓水深火热，政府也贫穷，发不出各地官员的俸饷，无法养活自己的官僚，一定程度上默许了官员贪污。那时官员的薪资低，一个知县的年俸是四十五两银子。这是什么概念？《红楼梦》里刘姥姥算"螃蟹账"，说是大观园的一餐螃蟹宴一共花了二十多两银子，够庄稼人一年的开销了，就是说，当时知县的俸禄也就相当于一户农民全年支出的二倍。所以康熙以前的史料中几乎没有反贪污。康熙亲政之后，提出"官清"，就是指治理吏治。

康熙的治理手段是教育，推崇理学、道学，推行《圣谕十六条》，要求官员、百姓都要参与，每月初一、十五宣读，教育官员要爱民、对老百姓好，修身养性。这种做法起到了一定的作用，涌现了如于成龙等一些修身养性功夫做得好的人，明白怎么做人、做官，有自己的信条。同时康熙注重树立清官榜样，比较有名的如张伯行、张鹏翮等。此外，也惩治了一批贪官，比如"昆山三徐"（徐元文、徐秉义、徐乾学三兄弟），后来被贬职。总的来说，对贪官的惩处力度，康熙朝相比于雍正朝和乾隆朝，不是那么大。

雍正就不一样，他采取了一些制度遏制贪腐。到了康熙晚期，官场趋于混乱。雍正元年（1723）正月初一，发布的第一份诏旨就是给全国的督抚州县讲为官之道，层层告诫。同时，他也大力惩治贪官。当时国库亏空现象很严重，省里、县里都如此。雍正上台之后严查亏空，于元年成立了会考府，主要功能就是反贪污，专门考察各地方亏空的情况，一旦发现立马退赔。曹雪芹家就是因此被抄。雍正惩处贪官力度大，手段严厉，而且不避亲。有人揭发，一个官员贪污了四千两银子，奉送给了十五个人，这些人里面有他的十二弟允祹。雍正把名单公布出来，要这十五个人退赔。允祹没有钱，就在王府前把家具摆出来变卖。这种惩处确实对遏制贪腐起到了一定作用，刹住了风气。

乾隆上台的时候，前期官场清正，吏治较好。乾隆十三年以前只杀过一个大的官员——三朝老臣鄂善。那时，乾隆刚定了贪污一千两以上就要判处死刑的规矩，没过多久就发现鄂善贪污四千两。因为他年龄很大，乾隆不忍心杀他，辗转反侧考虑了一晚上，最后命他自尽。他的皇贵妃高氏的家人，高恒、高朴，分别因为中饱私囊和盗鬻官玉被问死刑。

乾隆时期，国家富裕，国库充盈，贸易市场很大，与外国通商频繁，但同时出现了漏洞，对于礼义廉耻不太讲了，风气慢慢就坏了，以致吏治败坏，贪污贿赂公行。乾隆也企图遏制这一江河日下的趋势，他命令检举整顿，屡兴大狱，用严刑峻法打击贪污贿赂等不法行为，因贪污受贿被杀戮、关押、遣戍的官僚多得不可胜计。虽然不可能从根本上扭转腐败风气，但还是起到了一定作用。

清朝最大的贪污案——甘肃冒赈案，发生在乾隆四十六年（1781）。甘肃连年大旱，饿死不少百姓，当地官员请示朝廷开展捐粮运动，捐得多的富户可以取得"监生"资格，但在实际操作中，却只收银子不收粮食，数年之间，就筹集了上百万两白银。这笔钱很多没有用来赈灾，而是在编造假账报销后，被各级官员私分。这些官员搞成利益集团，发现一个人，牵出第二个人、第三个人，最后一共杀掉包括总督、巡抚等在内的知县以上官员六十多人，充军五十多人，还有被监禁和革职降职的。这是清朝最大的一个案子，不只涉及甘肃一个省，还牵连别的省。

封建专制体制根深蒂固，到康雍乾时期更是变本加厉。在经济发展、社会财富增加的情况下，权力高度集中，缺少制约，缺少法治，很容易导致权钱交易等腐败现象发生。举个乾隆的例子。他对身边的大贪官和珅非常器重。有个叫曹锡宝的御史，不敢弹劾和珅，就弹劾了和珅的两个家奴。这两个家奴在通州开

第一章 清朝的统一

了典当,有地多顷,钱财丰厚,一个官吏的家奴有那么多钱,可见这里面有问题,希望乾隆往上查一查。皇帝说好,查一查,他倒没让和珅去查,而是当着和珅的面让别人查。和珅立刻通风报信,让家奴赶紧把当铺、字号给毁掉,结果查无实据,就躲过去了。后来乾隆一死,他的儿子嘉庆立马就把和珅抓起来了。有一句话说得好,"和珅跌倒,嘉庆吃饱",可见贪腐非常厉害。

乾隆五十五年(1790),大臣尹壮图上了一道奏折,说各省仓库里面存的银子、粮食少了很多,都让那些贪官拿走了。乾隆一听就火了,你说各个省都这样,我不信,你这样说就是把我当成糊涂人了,天下事竟然你知道我不知道。既然这样,我派两个官员跟你去各省查查。查了七个省,每查一个省,那两个官员就预先通知沿途赶紧把仓库补满、库银补足,查的结论是粮库俱满、库银俱足。这不是诬告官员、诽谤朝廷吗?尹壮图被革职回家。由此可见,彻底反贪污是非常困难的。

过去,理学家就讲究养性,修齐治平,这是一个完整的体系。修,首先是修身、讲道德;齐家,要治家、家要管好，然后才是治国平天下，修齐的基础没做好，很难治国平天下。如果要治国、平天下，自己的性情不恬静，贪婪的性格没有改变，不能约束家庭成员在外胡作非为，这样管理国家大事，能不出毛病吗？

第二章 清朝盛世的高峰

乾隆帝完成了全中国的统一，中国的多民族大家庭最终形成，经济文化达到极盛。乾隆一朝，共六十年。这是清朝盛世的高峰。盛在什么方面？怎样达到了鼎盛？为什么兴盛？其后来了个大跌落，而且一落千丈，盛世中暗藏着什么隐患？这里从三个方面，即政治军事、经济和文化来探索。

第二章 清朝盛世的高峰

第一节 乾隆朝的武功

乾隆的活动站在什么舞台上？处在什么形势下？客观形势因何能允许他做出偌大惊天动地的大事业？乾隆上台后的社会环境和康熙、雍正时不同。康熙是站在长期战争所造成的一片废墟上，经济凋敝，反叛势力猖獗。经济上，振兴农事，兴修水利，开垦荒地，减免赋税，经济得到了恢复和发展。后来平定三藩，收复台湾，与俄国签订边界条约，打败了准噶尔部的进攻。雍正整顿了内部，在西南实行改土归流，平定了青海，对准噶尔造成包围态势，可以说已从军事上、财力上做好了统一全中国的准备。雍正末年与准噶尔达成划界的和议，维持了二十年的和平。当时为什么没有攻打伊犁，统一全国？最大的困难在于路途遥远，饷秣不继。从北京到伊犁，远隔万里，军队的给养，饷械的运输是个大难题。每个士兵日食耗粮一斤多，如果派出五万士兵，每日耗粮六万多斤，征战一年耗粮二千几百万斤，如果作战三年，需用粮食六七千万斤，这是何等巨大的运输量！军中需用大量的火器、弓箭、火药、帐篷、衣服、锅碗，马驼所食草豆等尚不计在内。当时只能靠马驼装载、人夫背运，而人夫在途中又要耗费很多粮食。在当时交通条件下，几万大军，长驱到伊犁，旷日持久几乎是不可想象的。故而康熙后期和雍正时，虽然当时打了胜仗，清军最前沿的军务只能设在玉门关外巴里坤和外蒙古的乌里雅苏台，在此驻兵屯田，以防异动，而不能深入乌鲁木齐、伊犁。

到乾隆十年（1745），时机来临，这就是准噶尔领袖策零死后，达瓦齐继位，内部发生长期内讧，争权夺利，兵锋屡起。先是萨赖尔降清，接着是达什达瓦部被排挤，其女领袖也归附清朝，再以后是"杜尔伯特部三车凌"（车凌、车凌蒙克、车凌乌巴什）不堪达瓦齐之虐迫，率三千户一万余人归附清朝，

第二章 清朝盛世的高峰

卫拉特蒙古像这样大规模降附清朝的尚属初次。乾隆大喜,于避暑山庄赐宴,决定进兵伊犁。乾隆十九年(1754),达瓦齐又与辉发部的阿睦尔撒纳反目火并,阿睦尔撒纳战败,率部众三万余内奔,归附清廷,准噶尔汗达瓦齐众叛亲离,这更增强了乾隆平准的决心。

平定准部,统一全国的时机到来了,作为政治领袖要能审时度势,敏锐地抓住时机,做出决定。乾隆帝及时反应,迅速于乾隆二十年(1755)出兵,分两路进军伊犁。当时很多人反对出兵。时任陕甘总督的刘统勋负责西路大军的粮秣后勤,他说要准备三年才能出兵。乾隆斥责他是个迂夫子,说三年过去,准噶尔的内讧也停止了,战机已经失去,哪里还能打到伊犁。乾隆指示,出征的军队只要自带部分粮食,其余可以"因地就粮"。

乾隆二十一年(1756)第一次平准,两路进兵,以近年来归附的准噶尔降人为先锋,由阿睦尔撒纳率领,远道长驱进入伊犁,沿途敌军皆不战而降,兵不血刃,达瓦齐逃到格登山,战败被俘。但阿睦尔撒纳抱有野心,想自立为准噶尔汗,建立一个独立的准噶尔国,因此煽动叛乱。清军只有很少人随同鄂容安、

郎世宁等绘《平定准噶尔回部得胜图》

班第留驻伊犁。叛乱起,鄂容安、班第遇难。于是乾隆二十二年(1757),第二次平准,战斗十分激烈,加上缺少粮食,流行疫病,死伤者甚众,阿睦尔撒纳逃往俄国,死在那边。清军继续南进,攻打维吾尔族的大小和卓。清军一度被困于黑水营。维吾尔族是农业民族,战斗力不强,后清军反败为胜,终于统一了新疆。

统一中国很不容易。自康熙始,大小战争无数次,历经长达一百年。当时国家有实力能够支持战争,两次平准和一次平回,统一了新疆。在此前后还有许多战争,如两次金川战争(乾隆十二年至十四年,乾隆三十六年至四十一年),耗时最久,靡费最多，金川在四川西北，由土司管理。那里地处进入西藏的交通要道，土司之间相互争斗。清廷驾驭失当，抚治无方，地方秩序混乱，派兵介入土司之间的纠纷，不料该处地势险峻，雨雪连绵，土司兵力仅五万，而战斗骁勇，善筑碉堡，清军持续失利。清廷调兵十万，帑银七千万两，耗力之大，为"十全武功"之首，经五年之久，方才平定大小金川。

大学士一等忠勇公傅恒，
平定西域前五十功臣第一位

还有两次廓尔喀战争〔乾隆五十三年（1788）、乾隆五十六年（1791）〕，显示了清廷保卫国家领土、主权的决心和实力。当时廓尔喀人觊觎西藏的财富，两次跨越喜马拉雅山，进入西藏日喀则，占领班禅的驻锡地扎什伦布寺，大肆抢劫。清政府两次出兵入藏，战争十分艰苦。试想，在当年没有现代化交通条件下进入西藏，还要攀越喜马拉雅山，其艰苦程度，难以言喻。粮食供应，从四川省起至喜马拉雅山上，安设粮站，形成漫长的运输线，共分七段。每段有一个督抚级的大员管理。由于地形险峻，大雪封山，高原反应以及战斗激烈，清军死伤者甚众，这场"世界屋脊的战斗"，在世界战争史上无与伦比，是保卫国家、驱逐外敌的壮举。

经过康熙以来一百多年的艰难经营，浴血战斗，形成了中国统一的局面，其版图之广阔、联系之密切、统一之巩固是前所未有的。这是清朝留下的最宝贵的历史遗产，这是何等伟大的业绩！

在明朝，东北的大部分，内蒙古、外蒙古、新疆、青海、宁夏、西南许多地区以及台湾还没有纳入中央政府管辖的范围。当然，历史上的统一总是通过

第二章 清朝盛世的高峰

乾隆皇帝戎装图

战争武力才能完成，必定会造成人员的大量伤亡，也必定会遗留下众多的矛盾和问题。清朝在边疆和民族地区采取了一系列政治、经济、文化措施，使统一后的各民族人民逐渐融合，从而增强了中华民族的凝聚力。这是乾隆盛世的第一个伟大主题。

关于异族入侵和皇权合法性，这是清朝的老问题，不是乾隆盛世的主要问题。满人入关，遭到占全国人口大多数的汉人的强烈反抗，不承认满人君临全国，这时皇权合法性遭到极大挑战。经过清初长达半个世纪的战争和安抚，到康熙中期以后，情况已大为缓和。三藩之乱已没有多少明朝遗民加入吴三桂的行列，清朝开博学鸿词科，傅山、李颙等虽拒不应试，而毛奇龄、朱彝尊等曾经参加抗清斗争的人，应试并中试了，投奔清朝做官去了。由于清廷把儒学奉为国家的指导思想，尊孔右文，知识界的反清思想逐渐淡褪，很多人慢慢认同了清朝皇权的合法性，连黄宗羲那样坚决抗清的人，也让他的儿子黄百家、学生万斯同参与了清廷开馆修《明史》的盛举。尽管满汉矛盾长期存在，但到乾隆时，满汉矛盾已不是困扰国家的一项重大问题，而需要提上日程的是另一个问题——

第二章 清朝盛世的高峰

全民族的认同，即国家在广大地区完成统一之后，最终组成了中华民族，在这个民族大家庭中，蒙古族、维吾尔族、藏族、回族、苗族等民族对清朝中央政权的认同，这才是乾隆时的重大问题。乾隆对这些少数民族的许多政策都是为了解决这个问题，如尊崇喇嘛教，各种政治措施因地而异，建立并扩大避暑山庄，围班、年班款待各民族的王公等，都是为了得到这些民族的认同，捍卫祖国的统一，巩固国家的统一。

清朝的民族政策是非常重要的，也是非常成功的。因为清朝自身是少数民族，能懂得、理解少数民族的需求、心态和利益，所以在考虑各民族利益时，特别关照少数民族。满蒙一体，与蒙古通婚，奖赏蒙古人，和蒙古上层人士的关系相处融洽。西藏信仰喇嘛教，清廷就提倡喇嘛教，山西五台山都是喇嘛寺。达赖喇嘛，特别是班禅来北京，乾隆赐予他优厚的待遇。清朝从不将对汉族地区的管理政策用在少数民族地区，而是根据少数民族的情况来制定各地方的具体政策。对边疆以及少数民族地区，清朝采取了灵活的管理办法：在西藏用的是达赖喇嘛、班禅，并派遣驻藏大臣协助地方政府工作；在新疆设将军，南疆维吾尔族地区用伯克制；在内蒙古则设立盟旗，现在内蒙古的一些地方还都叫盟、旗，这都是从清朝沿袭下来的；在东北地区设将军。清朝实施的这些民族政策，既给予各民族一定的权力，又能使中央实现有效的治理。清朝中期以后，游牧民族和农耕民族再也没打过仗，如果没有清朝特殊的民族政策，那么可能就会导致少数民族的独立。所以，我觉得清朝的统一比较牢固，而且民族凝聚力很强。清朝的民族政策很适合当时的实际情况，对边疆的稳定起了积极的作用，对今天处理民族问题也仍有借鉴价值。

第二章　清朝盛世的高峰

第二节　乾隆朝的经济繁荣

乾隆盛世第二个主题是经济繁荣,国力增强。经济和政治是相互联系的,经济发展了,才具备统一的实力,而政治统一又促进了经济繁荣。

康熙以后经济恢复发展,人口迅速增长,到乾隆末全国已有三亿人,但没有立马陷入马尔萨斯陷阱,没有很快发生阶级冲突和农民战争,这是什么原因?因为乾隆时,中国的历史舞台拓宽了,不像宋代、明代局限在长城以内,清朝增加的人口可以寻觅新的生存空间,发生了长时期大规模的移民潮。中国从前的移民潮大多是受北方游牧民族侵犯的影响,自北而南迁徙,晋代、中唐和宋代,北方民族进据中原,以农

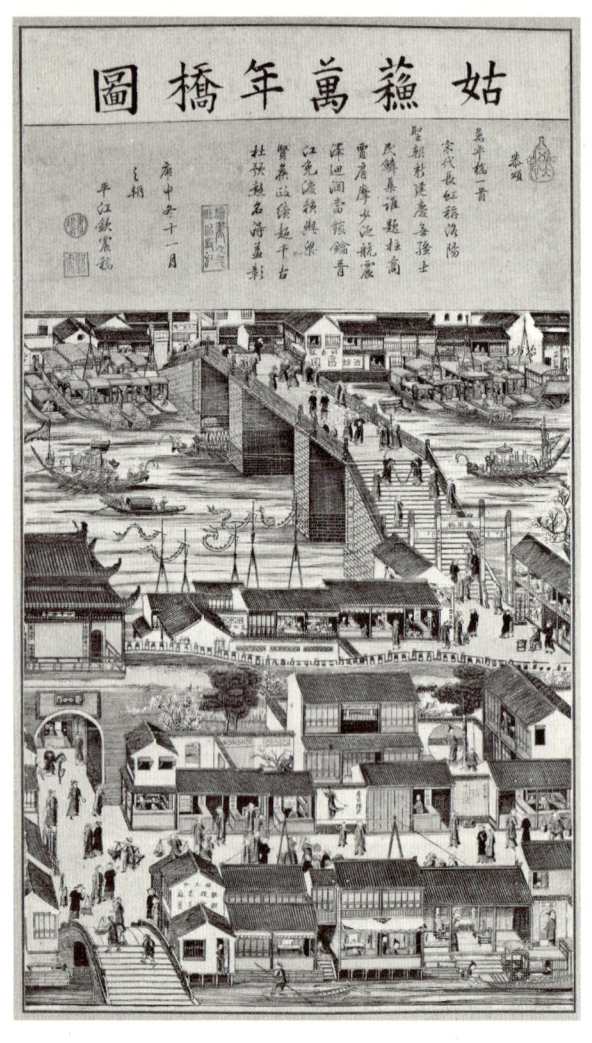

《姑苏万年桥图》，墨版套色，1740年，反映了当时的市井繁华

耕为生的汉族向南退往长江以南，以至珠江流域。而清代移民方向发生了重大变化，由中原人口密集地区向边疆、海岛迁徙，形成中心爆炸，向四周辐射的模式，所谓"闯关东""走西口"，是指山东、直隶、山西、陕西人民纷纷移居东北、内蒙古谋生。收复台湾后，福建人民渡海赴台湾定居。统一新疆后，甘肃、四川人民移往新疆。清政府还大力提倡移民，移民至新疆者每户给田三十亩，发给耕牛、种子，建造房舍，资助路费，免收数年田赋。还有改土归流后，湖南、湖北、江西人口进入西南地区。国家的统一促进了人口大迁移，扩大了生存的空间。有学者说，乾隆盛世不是靠农业垦种。我认为，这个观点值得商榷，当时那么多迁徙的人口都是为了到边疆、海岛种田的。譬如台湾在康熙二十四年（1685年，即收复台湾后两年）人口只有七万，而到嘉庆十六年（1811），人口增加到一百九十万，这些人口中绝大多数是从闽粤移来的。他们均以种田为生。因此大规模的人口增长与移民垦荒应是乾隆年间经济繁荣的一个重要原因。

康雍乾的经济发展仍是建立在小农经济基础上的，而不是工业或商业基础上的。当然手工业与市场经济也有很大发展，但不足以改变小农经济的基础地位。就全国耕地面积而言，康熙时有七八亿亩，雍正时达九亿亩，乾隆后期估计有十点五亿亩，当时人口还不到三亿。每人的平均耕地是三点五亩。现在去估算二三百年前的耕地面积，十分困难。每人估算的数字均不相同。我估算十八世纪后期（乾隆后期）耕地面积为十点五亿亩。吴承明先生估算十九世纪前期（嘉庆、道光时）为十二亿亩。卜金斯估计十九世纪后期为十二亿亩，都是按个人的方法独立估算的，每人估算均有差距，但差距不太大。我认为这个估算数字可以应用。乾隆后期的粮食产量为二千零四十亿斤，人均六百八十斤，这是皮粮，如果去掉糠壳，可能要减去百分之十以上。粮食是农业社会的基础，乾隆的盛世是建立在这么丰足的粮食的基础上的，养活了当时世界三分之一的人口。

还有海外华侨，在世界移民浪潮的影响下，中国人也移居到海外，十八世纪东南亚的华侨已有相当数量。总之，中国人活动的地域大大扩展，从内地到边疆，到海岛以至海外，这是当时经济发展很重要的因素，也是全中国统一所带来的结果。

第二章 清朝盛世的高峰

全球一体化对康乾盛世的到来也起了重大作用。十八世纪中英贸易逐步增长，经历了一百多年之久。交易物品以前是瓷器、丝绸换取香料、苏木和珠宝，后来则是瓷器、丝织品、茶叶换取大量的白银，贸易规模日益增大。康熙时，粤海关税收仅四万三千两，定为关税正额，以后贸易额扩大，税款增加部分称为盈余。乾隆末盈余八十五万五千两，比正额高出二十倍，至鸦片战争前盈余已达一百五十多万两，增加至三十五倍，可见对外贸易飙升之速。马嘎尔尼曾经说：英国东印度公司每年从中国进口茶叶二千万磅，在不到一百年的时间，增加了四百倍。而欧洲国家在当时没有什么商品可以拿到中国市场上销售，只能以美洲所产白银换取中国的茶、丝织品和瓷器。中国长期出超，大批白银滚滚流入中国。

中国生产的增长，外贸的扩大，大批白银流入，有助于中国市场的发育，国内商业也有很大发展。康熙年间淮关、浒墅关、九江关的商税正额共为四十七万两，至嘉庆时，三关的税收银一百四十万两，上升近三倍，这说明国内市场的发展迅速。十八世纪，南方运往北方的粮食每年有六百万石，湖南、

日本《长崎港南京贸易绘图》中的清朝远洋贸易船

湖北、四川运往江苏、浙江的粮食每年有一千万石。棉布每年的交易量达一亿两。据吴承明先生说：加上丝、茶、盐、糖、木材、瓷器，中国之内的长途交易量达四点五亿两，这是一个不小的数目。

全球一体化的另一个影响是经济作物的传播种植，如甘薯、玉米、花生、烟草，到乾隆时期更加推广了。当时，福建人陈世元曾至山东、河南等地教种甘薯，死后乾隆帝谕旨悼惜，赏国子监学正。山东按察使陆曜著《甘薯录》，教种薯之法。乾隆帝令直隶、河南翻印此书，广为传播。乾隆后期，四川、陕西、直隶、湖北、湖南、安徽、江西漫山遍野，皆种玉米。英使马嘎尔尼途经天津，对该地种植玉米之多大为惊叹。甘薯、玉米都是高产作物，耐旱耐涝，推广种植，有利于提高粮食产量。

乾隆时经济很繁荣，从纵向比较，超过汉唐。汉代人口峰值五千万，唐代人口峰值八千万，而乾隆时人口达三亿，显然清朝的农业养活了几倍于汉唐时的人口；从横向比较，十八世纪全世界人口为九亿，清朝养活了全世界三分之一的人口。据国外学者计算，乾隆十五年（1750），中国的GDP占全世界的

32%，印度占24%，英法德俄意共占17%，中国高居首位。这个数字是怎么计算出来的，我不是很清楚，但被一些权威著作所引用，应该有一定根据。但中国人口多，人均GDP比英法等国低很多。尽管当时经济繁荣，但还没有处在产业革命的临界点上。尤其鸦片战争后，中国遭受列强侵略，经济一落千丈，到1900年，中国的GDP仅占世界6%，跌入谷底。

为什么乾隆时，人口增至两三亿，却能避免农民战争？它还有发展经济的空间，还能创造一个辉煌的盛世？仅仅是人口增加不可能使统治者头脑中发明应对的新政策。如果乾隆时确实出现了带点新意的政策，必定是客观形势为人们开辟了新的出路，这样才会有新政策的出现，才会有实现新政策的可能。不是人口增加迫使乾隆发明了新政策，而是客观形势的变化推动了新政策的出现，允许人口有更多增长的空间。应该说这种增长仍在封建社会框架之中，从整体上看，并未突破自给自足的封建经济的范围。不然，为什么到嘉庆初年，人口增至三亿多，经济未能同步增长，不堪负荷，爆发了白莲教农民大起义！清朝盛世，开始衰落。

第二章 清朝盛世的高峰

第三节 乾隆朝的文治

文化是意识形态,是上层建筑,它随着经济基础的改变而改变。康雍乾长达一百三十多年的经济发展,必然会带来文化的进步和繁荣。当时文化品种之多、作品之精、人才之盛,蔚为壮观。这个时期文化的特点:第一是求实,第二是创新,第三是集大成。

有两种不同载体的文化:一种是以文字为载体的,如哲学、文学、史学以及自然科学;一种是以物质为载体的,如建筑、雕塑、戏曲、书画。

康雍乾时代文化的第一个特点是求实,坚持以理性精神来研究世界。当时,以惠栋、戴震为首的汉学大盛,如日中天,他们不迷信、不盲从,重视证据,

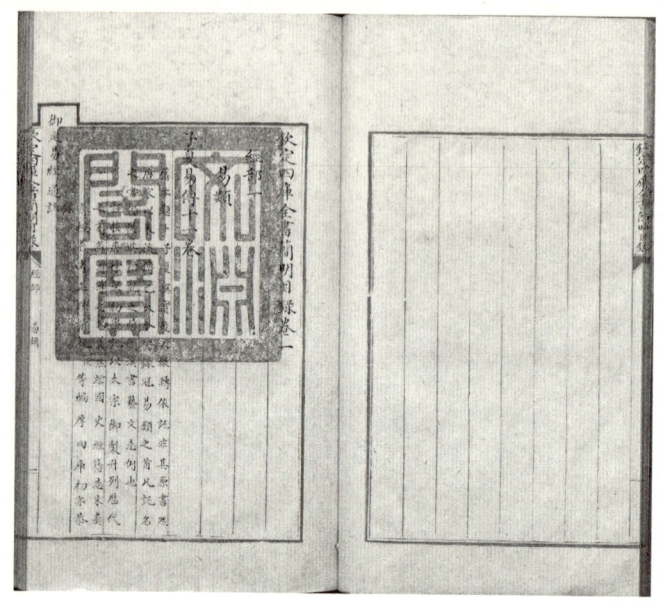

纂修《四库全书》，既是一个文化积累工程，同时大量禁毁和篡改古书，也是一场残酷的文化浩劫

不受成说和权威的影响，运用归纳分析和逻辑的方法考据古书。这种考据学就是求实之学，必求实在的证据，方能定论，"一字之义，当贯群经，本六书，然后为定"（戴震语）。如戴震校勘《水经注》，以确凿的根据，建立校勘该书的原则，果然把《水经注》原来"经"和"注"混淆的地方分清楚了。王念孙《读书杂志》考订许多古书的音训句读，"凡立一

说，必列举古书，博采证据，然后论定，故最足令人信服"（萧一山语）。后来章太炎说过，审名实，重佐证，戒妄牵，守凡例，断情感，汰华辞，六者不具而能成经师者，未之有也。这里所说的"六者"，就是以理性的精神和方法，反对主观臆断，反对华而不实的治学态度。

康雍乾时代文化的第二个特点就是创新精神。第一位是郑燮（郑板桥），他是康雍乾时代著名书画家、文学家。他能诗、工书、善画，他的诗清新旷达，能反映民间疾苦；画风劲秀潇洒，自然活泼，

清人画弘历圆形古装行乐图轴

能表达出不同凡俗的意境，跳出了传统书画的束缚，代表了扬州一批画家自然而创新的追求。第二位是曹雪芹。他生于康熙末，死于乾隆中叶，创作的《红楼梦》是中国伟大的小说，描写大观园里一群被禁锢而天真活泼的少女。他同情女性，同情弱者，体现了尊重人、关怀人的人文主义精神，通过生动的艺术形象反映了封建衰世的矛盾。第三位是袁枚，与曹雪芹同时期一位性灵派代表作家，写诗是为了抒发自己的思想感情，反对模仿抄袭，反对诗以卫道，他说"夕阳芳草寻常物，解用都为绝妙词"。第四位是戴震，乾隆时期学界领袖。他学识渊博，又擅考据；他尊重人，认为人有欲望是合理的，天理即在人欲之中，理学家把天理、人欲对立起来，要存天理灭人欲是不对的。这四个人都生活在康雍乾时代，年岁相近，但他们生前并未交往，亦未相逢，但在不同的领域表现了类似的思想倾向，具有鲜明的创新精神，超凡脱俗，力求创新。有的用书画，有的用小说，有的用诗文，有的用哲学，表达了人文主义和理性主义的精神。

十八世纪虽然有这一批人表达了进步的新颖的思想，这种思想在一定条件下如能发展，必将冲击封建社会的正统思想，但当时只是一些思想片段，没有成为潮流，甚至他们之间彼此从无交往，并不相识，被认为是异端、怪人。郑板桥被称为"扬州八怪"之一。曹雪芹是个落魄的世家子弟，甚至他写的《红楼梦》，长期未为世人所知。袁枚负诗名甚高，却因招收女弟子，被认为无行文人。戴震的学问无人能及，皇帝钦赐举人，参与会试，但他发挥进步思想的主要著作《原善》《孟子字义疏证》，却被他的朋友们贬为不能代表他成就的著作，只承认他在考证方面的成就和著作。当时这些进步思想尚只是涓涓细流，不可能有力地冲击封建社会的主流意识。

清政府网罗了许多当时第一流的学者，倾注了极大力量。康雍乾时代出版书籍之多，是前所未有的，达数万种，很多都是大部头的，如《四库全书》收录书籍达三千五百多种八万卷之多，每部书都精选保存，提要钩玄，精心撰写提要，评其得失，论其源流，撮其大旨，贯通考证。《古今图书集成》，为陈梦雷主持编定，共一万卷，分六编，抄撮古书，分类编成有利于查找利用的大类书，内容丰富，无所不包。继杜佑、郑樵、马端临之后完成《九通》

的编纂，对本朝典章制度著录详备。还有《康熙字典》《全唐诗》《一统志》，多种《方略》《佩文韵府》《日下旧闻考》《八旗通志》，以及撰写的《明史》，都是规模很大的文化工程，编纂精审，水平很高。同时，清政府还指定各地撰修地方志。据统计，清代地方志书共五千七百多种，许多著名学者都来应聘修志。清代还出了许多丛书，如曹溶的《学海类编》、张潮的《昭代丛书》、鲍廷博的《知不足斋丛书》、黄丕烈的《士礼居丛书》，都是篇幅浩大，许多书籍集合编纂在一起的丛书。在编纂《四库全书》时，还辑出古代佚书，形成辑佚之学。马国翰《玉函山房辑佚书》辑古代佚书有五百八十种之多。

第四节　盛世中的阴影

中国是个世界大国，人口众多，当时占全世界三分之一，故工农业总值超过世界各国，但人口基数大，人均生产值低于欧洲先进国家。当时英国仅一千六百万人口，每人平均占地十亩，而中国只有三点五亩。十八世纪中国人均粮食产量比英国少一半。中国农业土地资源匮乏，产业结构单一。农村的贫困未能为工业发展开辟广阔的道路。

中国实行闭关政策，限制中国人与世界接触，不让其了解世界的发展。清朝统治者以天朝上国自居，妄自尊大，不屑于睁眼看世界，轻视外国，蔑视新事物，墨守成规，故步自封。

清朝之所以实行闭关政策，从深层次的原因来讲，中国当时还是自给自足的自然经济国家，它完全可以自给自足，一切都靠国内来解决，就不需要发展对外贸易。像欧洲一些沿海国家就不一样，它只能生产粮食，没有别的东西，自己不能自足，必须要到别的国家去买。另一个很重要的原因，是满人入主中原后仍对汉人进行防范，就是怕汉人跟外国接触以后，滋生反清的思想，增强了反清的力量。所以发现中国人跟外国人交往就要治罪，治罪最重的是中国人，不是外国人，对中国人是杀头，对外国人就是圈禁——关在澳门几个月，然后放走。还有一个原因是，中国的地理位置处在东亚的一隅，跟世界联系较困难，不了解世界发展的大势，当然它也不去了解，因为国内的事情多得不得了。当时一些传教士也传来不少知识，也知道有俄国，也和俄国打过交道，而且作过战，和俄国进行过谈判。但是过后自己也闹不清楚了。到了道光时期，俄国又来东北侵略，重新把这块地方割去了。条约究竟是怎么定的，当时的界碑立在什么地方也找不到了，俄国是什么样的国家也搞不清楚了。

第二章 清朝盛世的高峰

清朝的经济结构、统治者政治上的一种担心以及地理位置，使得统治者采取了这种闭关政策。

乾隆年间，英国国王派马嘎尔尼出使中国，希望与中国通商。虽然其中有侵略的意图，但也不乏合理的要求。当时如果中国与之谈判，拒绝英国不合理的要求，尽量考虑合理的要求，用和平友好的方式处理两国的关系，就能充分了解英国及世界经济的发展情况，并能逐渐改变天朝大国狂妄自大的心理。但乾隆皇帝没有看到这一点，只因为英国人不给自己磕头，因东西方礼节的表达方式不同而把人轰走，关上了谈判的大门，使中国失去了了解世界的一次极好机遇。等到人家用武力侵占你的家园时，你才去了解外面的世界，为时已晚。

中国的封建君主专制体制，皇权至高无上，皇帝统辖下的庞大官僚机构，掌握各种大权，但缺乏权力的约束和制衡。在商品经济发达、社会稍稍富裕的情况下，腐败滋生，腐蚀着社会肌体，阻碍着社会的前进。

清廷以重农轻商为国策，对工商业干预、压抑、垄断，工商业者处于依附地位。清代城市没有形成以

1793年，英国马嘎尔尼使团访华，随团画家绘制的清军陈列兵器的架子

工商业者为主体的市民力量，仍是地主阶级的统治和军事中心。

康雍乾时期发生频繁而残酷的文字狱，以言论文字治人重罪，使知识分子不敢谈政治、谈现实，窒息了自由活泼的思想。

中国的传统不重视自然科学，科举考试中没有自然科学内容，自然科学长期陷于停滞。

传统的封建国家进入近代社会是政治、经济、文化等多种因素持续发展、相互促进的结果。清代康雍乾时期的经济总量和综合国力虽居世界前列，但经济、政治、文化尚有很多滞后的因素，未能形成促进生产力迅速而持久发展的机制，未能接近产业革命的临界点，失去了与其他先进国家并驾齐驱的机会。

这时，英国发生了产业革命，生产力飞速发展；美国发生了独立战争，世界上出现了一个全新的朝气蓬勃的大国；法国发生了大革命，推翻了欧洲大陆的封建制度。但中国的统治者闭关自守，不识世界潮流，思想保守，不思进步。中国社会上虽然也有若干近代资本主义萌芽的生长，但阻力重重，发展迟缓，并未成熟到足以支撑中国走上资本主义的道路。西方处在资本主义发展的青春期，而中国仍处在封建主义制度的迟暮之年。两种文明的不同性质决定了各自的发展前途。康雍乾以后，西欧的经济、政治、文化、军事高速发展，在短时间内把中国远远抛在后面，中国则由于外国的入侵和内部的动荡而一蹶不振，陷于贫穷、落后和长期的危机之中。

第三章 嘉庆、道光朝的转折

乾隆朝已是到了封建社会的鼎盛，随之跌落下来，一落千丈。为什么跌落下来？因为乾隆盛世是建立在封建农业社会的基础上，内部包含着许多不可调和的矛盾，不同于当时的英国。英国的兴盛建立在工业革命的基础上。一个是农业社会，一个是工业社会，性质不同，结构不同，发展的前景也不同。一个是落日残照，它的余晖正在黯淡下去，即将坠入黑暗中；一个如初生的朝阳，富有蓬勃的朝气。尽管当时中国GDP总量仍很高，是个庞然大物，人口很多，市场规模很大，但国家已千疮百孔，不可能跨越产业革命这一关，还没有站在工业社会的门口，前面等待着它的却是无穷的坎坷、灾难和伤痛。

产业革命是全人类历史长期发展而出现的机遇，

第三章 嘉庆、道光朝的转折

是经济、政治、文化、科技、教育各个领域协调发展的结果。创新贯串于产业革命的始终，各部门科学技术创新的高潮迭起，持续不断，相互促进，使机器工业取代了传统的手工业。创新与进步是近代工业化交响曲的主旋律。产业革命唤起了人类社会蕴藏着的经济能量，巨大的生产力魔法般地喷涌而出，以十倍百倍的速度促使人类社会加速前进。社会必须像一台机器一样，制造、装配、调运、操作达到最佳状态，各个部件协调动作起来，互相带动，互相促进，全面发展，才能跨越产业革命，进入近代化工业轨道。如果某个部门某个零件发生故障，就会影响其他部门的运作，最后导致整部机器运转不灵，滞后停顿下来。

中国封建专制主义所沉淀下来的固有模式、陈规陋习，根深蒂固，难以改变。尽管全国的GDP总量较高，但人均GDP相当低下，如以人均土地计算，十八世纪中国人均耕地面积三点五亩，而同时期的英国每个农户占地八英亩（约四十九亩），每个农户如按五人计，人均耕地近十亩，是中国的三倍。中国人均GDP的低下正是跨越产业革命门槛的一大障碍。

十八世纪的英国已经形成学习和研究自然科学与

技术的风气，各国纷纷成立皇家学会或科学院。欧洲的科学研究蔚然成风，涌现出了牛顿、莱布尼茨、波义耳、拉瓦锡、惠更斯等大科学家。在科学发展的基础上，英国在纺织业中出现了连续不断的技术创新。1769年瓦特改良蒸汽机，使人类摆脱了对自然能源的依赖，从此生产浪潮汹涌前进。中国政权则鄙视科技，斥之为"奇技淫巧"，而八股取士制度把自然科学排斥在外，使人民长期处在科学无知的漫漫长夜之中，使中国不可能通过产业革命的关口。

中世纪的欧洲，工商业者以城市为据点，争取自己的权利，使国王、贵族、教士不可能任意褫夺其生命和财产。而中国的工商业者，地位卑微，匍匐在专制政权的脚下，唯命是从，生命和私有财产毫无保障，因为缺乏投入产业革命的条件，所以不可能激发其投入产业革命的勇气和热情。

还有一个法制问题，中国的法制也是有缺陷的，中国古代法律偏重于刑法。讲大逆不道、造反、盗贼等刑法的规定比较细，而民法不是很细，如财产纠纷、民事纠纷很多由宗族调解解决，法律中没有明确具体的规定。比如工商行业需要有专利，欧洲很早就

第三章　嘉庆、道光朝的转折

有专利法，对发明创造非常关心。中国从来没有专利法，你发明一个东西也没人理，得不到保护，这样不利于科学和工商业的发展。

当时中国社会没有成熟到可以很快进入近代社会，原因在于政治、经济、文化、科技、法制各个领域缺乏协调，存在结构性的矛盾，缺乏相互的推动促进，而相互间的牵制，发展到一定阶段，社会就寸步难移了。这种制度性的障碍，不是哪一个部门的问题，而是整个社会长期积累的矛盾，因为清朝的许多制度是从明朝继承来的，有些问题是明朝就存在的，甚至唐宋时就存在。一个个丢不掉的沉重包袱，日积月累，难以短时间内摆脱。所以当时中国的落后，当然清朝人应该负责，因为这种落后毕竟在清代显现了，但是也不能完全埋怨清朝人，因为社会中的许多问题也是前人遗留下来的沉疴宿疾。打个比喻，四个人接力赛跑，最后一个人失败了，最晚跑到终点，但是你不能单怪最后一个人，因为前面三个人的问题是在最后一个人身上表现出来的。当然清朝人有责任，历史给清朝人一个往前赶的机会，但是他们也没赶上去。马嘎尔尼到中国来就是一个机遇，阿美士德来也是一个机遇，这些机遇都一个个丢掉了，这当然是清朝人的责任，但是为什么丢掉机遇呢，也有它的必然性。因为许多思想观念也是他们从前人那里继承下来的。重要的一条就是中国的地理位置，离欧洲太远。彼得大帝发现自己落后了，赶紧迁都，把都城迁到彼得堡，跟西欧靠近一点，他跑到欧洲去留学，当学徒工，去学习，他有这个优势。中国离得远，没有这个优势，看不见人家是什么样子，是怎么干的。知识分子应该看得比较远一点，但闭关锁国政策把知识分子都关在笼子里边，没有机会看西方世界，连世界上还存在许多与中国不同的西方国家也不知道。如果有一个参照系，我想不会失败得这样快、这样惨。

拿火器来讲，很早传入中国，明朝人打满人用的就是火器。满人一看这个炮厉害，我得学，就把汉人俘虏过来造炮，后来满人的炮也很厉害。有个参照的实例，思想就赶上了。但是到后来，满人军事上也落后了，因为入关以后清朝长期面对的敌人是揭竿而起的少数民族和汉族的农民。这些对手更落后，没有先进的武器，只用弓箭和刀矛。欧洲就不一样，十五至十七世纪，百年战争、三十年战争、玫瑰战争、王

第三章 嘉庆、道光朝的转折

《阿玉锡持矛荡寇图卷》，郎世宁绘，从中可见清军的武器装备

位继承战争，多少战争，多少国家间的战争！英国、法国、德国、俄国、意大利、西班牙、葡萄牙，这些处在长期战争中的国家，对手也不是散兵游勇。欧洲国家在长期的军事斗争中磨炼了自己的战争能力，把中国远远地甩在后面。当年马嘎尔尼看到中国军队后说真是不堪一击。中国军队没有碰到强大的敌人，曾经学会的造火炮的技术全丢了，吴三桂时还有大炮，后来就没有了。跟农民起义军和少数民族军队打仗都用不着大炮，跟少数民族军队打仗最重要的是后勤问题，而不是武器问题。因此，清初以来武器就没有进步，中国的落后也是必然的。

这一阶段还有一些问题需要考虑。首先是人口问题，不到五十年从三亿增加到了四亿，按照当时农业生产的水平来讲，土地的承载能力已经达到极限，所以发生了社会的动荡。乾隆朝后期，起义就开始发生了，第一次起义是临清的王伦起义，后来甘肃回民起义，湖南、贵州苗民起义，一直到白莲教起义，农民战争起来了。这是因为乾隆盛世并没有经历产业革命，最终没能避免马尔萨斯陷阱，如果经历了产业革命，就不会发生那么多起义，不会发生社会的大动乱。矛盾激化，起义发生，官僚体制腐败、老化、保守，国家根本应付不了，白莲教的情况就是如此。白莲教起义是官逼民反，是官府抓人逼出来的，从湖北襄阳开始，跟着蔓延到陕西、四川，朝廷镇压了八九年。清政府的决策能力下降，谈不上决策了，只是对付，军队的战斗力也下降，没有办法，镇压不下去。应该说，嘉庆和道光两个皇帝，从才能上讲不是最昏庸的，只是平庸。在那种条件下，有本事也显示不出来，到处是反对的声浪。这个不是他们个人才能的问题，而是他们所处的环境所致。

因为人口的增加，当时的生态环境破坏得厉害。经过盛世，维持四亿人的生活，对土地来讲的确是极大的负担。生态的破坏，如果是小规模的，自然界有

第三章 嘉庆、道光朝的转折

嘉庆皇帝

清史三百年

道光皇帝便装像

自我修复的能力,如果是大规模的,持续很多年,环境就失去自我修复能力,大自然就要对人类进行报复。康雍乾时期,一个半世纪的太平,人口从一亿多增加到四亿,连年的开荒,破坏之大、时间之长,触目惊心。乾隆朝以前,长江没有发生过大灾害,乾隆五十余年开始,荆州大水,把荆州城整个冲垮,湖北几十万人被淹死。乾隆四十七年(1782),黄河的青龙岗决口,两年都没有堵住缺口,黄河水一直泛滥到山东。一年要花九百多万两银子来治理,相当于当时一年财政收入的三分之一。

清朝中衰正是内部矛盾激化的结果。农民因为没有更适当、更有力的政治和思想武器,只有利用宗教的组织系统,自发组织,发动起义。这些人,战斗力不强,没有什么火器,都是冷兵器。清兵没有强大的对手,用不着先进的武器。

这一阶段清朝上层的眼光,甚至那些士林先进都没有完成和世界的对接。比如《皇朝经世文编》,研究盐政、漕运等,唯独没有研究世界的。其实从清初开始,中国的丝茶贸易连年出超,而从康熙朝开始对外贸易增长更快,达到几十倍。随着对外贸易增长,对外矛盾也增长。英国在对外贸易中大量白银流入中国，长期下来英国受不了了。它发现了一种特殊商品——鸦片，吃了可以让人上瘾，于是开始大批量地输入中国。嘉庆年间，鸦片贸易逐渐增加，到道光年间，中国进口的鸦片已经多得不得了了，而后引发林则徐禁烟，爆发鸦片战争。

鸦片战争只是发生在沿海，对内地的影响比较小，有些先进人士感觉到了，但很多老百姓仍然没有感觉到。中国真正的奋起是到甲午战争之后。中国地方大，各个地方信息不灵通。要使全国人民觉醒，需要时间，需要有更大的触动，中国的觉醒是个非常漫长的过程。

清朝三百年和世界的关系呈现很不相同的三个阶段：

第一个阶段即十七世纪，清朝刚刚入关就和西方来华的耶稣会传教士交往，如汤若望、南怀仁、白晋、张诚等，他们带来了西方的科学、技术、艺术，帮助中国制火炮、定历法、画地图、传数学、绘图画等。人数很多，时间很久，进出宫廷，深入下层，写下在中国的所见所闻，定期寄回欧洲，这是对当时中

第三章 嘉庆、道光朝的转折

国社会的第一手记录，十分珍贵。传教士是中西文化交流早期的开拓者。

第二个阶段即十八世纪，由于中西礼仪冲突，在雍乾之际，传教士的活动被禁，中西文化交流逐渐消歇，这是很令人惋惜的损失。但中西交流并未因此停止，由于随之而起的中西贸易交往的发展，包括海上贸易和中俄的恰克图贸易，中国的茶叶、丝绸、瓷器、土布大量销往西方。从十八世纪初到末期，粤海关的税收增加四十多倍，可见当时对外贸易增长之速。这个时期俄国、英国还派来使团访华，使团写的报告、回忆录也很有价值。

第三个阶段是十九世纪，中西交往的性质发生根本变化，以前基本上是和平的、平等的往来。至此，西方以兵戎相见，武装侵略中国，通过两次鸦片战争、中法战争、中日战争、八国联军进攻北京，一次又一次痛打中国，侵略、欺负中国人民。其间有大批外国军人、外交官、商人、传教士、探险家深入中国各地，成为中国社会的主宰者。他们也写了许多政府文件、信函、传记、回忆录，多得不可胜计。这时还有了照相技术，为中国保留下许多影像。

总之，清代的三百年自始至终都在和外部世界交往、接触，尽管清朝实行闭关政策，但"关"不可能完全封闭。世界一体化的浪潮在汹涌前进，中外之间相互接触、相互往来，最后列强破"关"而入。

第四章 艰苦而曲折的近代化历程

经过白莲教起义、太平天国运动，又经过两次鸦片战争，清政府接受了城下之盟，签订了不平等条约。咸丰逃到了热河，北京陷落，圆明园被烧毁，清朝面临着前所未有的巨大挑战。它虽是一个经济大国，却又是时代的落伍者，不能够持续发展，不能够持续前进。清朝的中衰期包括嘉庆朝、道光朝、咸丰朝以及同治朝初年，长达七十多年。十九世纪是农民暴动的世纪，农民暴动遍及全国。世纪之初是白莲教起义，世纪之中是太平天国起义，世纪之末是义和团运动。农民人数最多，处在社会的最底层，分散落后，没有文化，但是它蕴藏了无穷无尽的力量。前一个世纪，即康雍乾盛世的辉煌，是建立在农民劳动的基础之上。后一个世纪，即十九世纪，农民运动像火山一样爆发了。当农民们能勉强生活下去的时候,是沉默的,历史前台没有农民的声音,但农民运动一旦爆发,就像火山喷发,大地震撼,破坏力极强,而农民本身分散落后的一些弱点,又不可能引导中国走向一个光明的前途。

第一节　正视太平天国

现在有关太平天国的议论很多，典型的有两种说法。一种是拔高农民战争，认为只有农民才能推动历史前进。这种说法在二十世纪五六十年代较为被认可，甚至认为每一个王朝的建立都是农民运动起的作用。在汉代是陈胜、吴广起义，唐代是隋末农民起义，明代是元末农民起义，清代是李自成起义。这种说法不切实际地抬高了农民运动的地位和作用。近二十年还有另一种说法，是彻底否定农民战争，贬低农民战争，认为农民战争是历史的消极方面，破坏了中国传统文化，扰乱了纲常伦理，农民领导层内部常常钩心斗角，总之，农民战争是一无是处。这两种说

国外出版物中的太平天国运动

法都不全面。我认为，旧社会农民生活在最底层，他们日复一日地辛勤劳动，生产的粮食养育了人类，是创造古代文明的有生力量。但在一个没有工业的社会，人类生存的全部负担都落在了农民肩上，他们承受着无形的压力，生活环境十分艰难，他们只有在活不下去的时候，才会起来反抗。中国历史上农民战争很多，不计其数。但太平天国运动是最大的一次，不仅在中国，在世界历史上也是最大的一次农民战争，持续的时间长达十四年，占领了六百个城市，足迹遍布十八个省。

我们应当肯定太平天国运动，是早期的反帝反封建斗争，有它的历史合理性。但农民阶级本身具有局限性，到后期太平天国碰到外国势力干涉——华尔和戈登军队干涉，反对封建又恢复封建，走了一个怪圈又回到封建主义，内部腐化，争权夺利。对于农民运动，既要肯定它的正义性，又要严格批判它的落后性，加上帝国主义和封建主义对它的双重镇压，它必定失败。

拜上帝会是太平天国运动的一面旗帜。当时社会上阶级关系十分紧张，下层人民不能照旧生活下去，迫切需要一种思想武器和组织工具来动员和凝聚这些分散的人民群众。拜上帝会顺应时势，动员、宣传、组织和指挥这些农民发动了太平天国运动。但我们要认识到，不是宗教制造了农民战争，而是农民战争的到来是宗教加速促成的。

中国历史上农民反对地主的斗争，往往利用宗教的手段。从陈胜、吴广的"篝火狐鸣"到黄巾起义的"苍天已死，黄天当立"，从元末农民起义的"石人一只眼，挑动黄河天下反"到清代白莲教的"真空家乡，无生老母"，宗教在农民起义中发挥了巨大的作用。

第四章 艰苦而曲折的近代化历程

为什么历代农民战争大多利用宗教的形式？因为农民处在封建社会的最底层，担负着供养全社会的责任，但其政治和经济地位低下，没有文化知识。当社会矛盾十分尖锐，革命的形势已经成熟时，平时存在于民间的一些政治色彩并不浓厚的宗教，也会随着革命形势而蜕变，变成一种反抗现政权的组织。洪秀全初创拜上帝会也只是从基督教中吸取了平等的教义，劝人尊拜上帝，行善戒恶，待人平等。由于当地阶级斗争的推动，拜上帝会迅速地"革命化"，成为反封建的锐利武器。当革命高潮即将到来的时候，为进一步动员农民参加斗争，必须用农民所能理解的语言和逻辑，来阐明这场斗争的必要性和合理性，阐明这场斗争的目的，阐明它必定会走向胜利。可是，农民愚昧落后，缺乏理性思辨的能力，只能用宗教的玄想加以说明；农民生活散漫，缺乏凝聚力，只能用宗教纪律加以组织约束。斗争已到了山雨欲来风满楼的时刻，但还没有人能科学地说明这场斗争的合理性，也没有人能有效地把农民组织起来，因此宗教就来填补空白了。在当时历史条件下，除了宗教以外，农民们没有更好的思想武器和组织手段。宗教告诉农民：赐给他们阳光雨露的天父天兄怜悯众生的苦难，要拯救众生，而为非作恶的阎罗妖暴虐残酷，涂炭生灵。双方壁垒对立分明：一方是天父天兄恩养庇护的百姓，另一方是有阎罗妖支持的官府和地主，两个营垒的界限划分得一清二楚，是非爱憎格外鲜明。这种在宗教外衣包裹下的反对封建的战斗精神，一旦被农民所接受，农民将自觉自愿、勇气百倍、信心十足地投入战斗。这样，农民战争中的宗教将发挥震撼封建统治的巨大力量。就像恩格斯所说："群众的感情唯一是由宗教的'食粮'来滋养的，所以，为了引起暴风雨般的运动，就必须使这些群众的自身利益穿上宗教的外衣。"

农民运动是一场暴风骤雨，它像一头发怒的大象，狂奔向前途中必定会践踏路边的花花草草，打碎周围的瓶瓶罐罐。农民运动破坏了许多旧事物、旧关系、旧传统，所以不能把它视作社会的倒退。旧的不除，新的不生。太平天国运动以后，中国社会上出现了许多新事物。

这段时间里，清朝政府发生了两个显著变化：一个是满汉权力重新分配，中央地方权力重新分配。

湘淮军崛起，满人虽还掌握朝政大权，但地方督抚中汉人人数增加，而且权力很大，有兵权、财权、用人权、司法权，以致后来朝廷大权落入李鸿章、袁世凯和张之洞等人手里，并演变成民国初年的军阀割据。另一个是外国侵略势力的态度发生重大转折，从打击清政府转向扶植清政府，进而统治全中国。以英法联军助力镇压太平天国运动为转折点，一方面帮助清政府，另一方面通过条约制度来束缚清政府。

在中衰时期，地主阶级发生了很大的变化。地主阶级里边分化出一批利用程朱理学武装起来的地主，如曾国藩、胡林翼、左宗棠等，组成湘淮军。他们利用儒家的这套正心、诚意、修身、齐家、治国、平天下理论来整治这个国家，随后出现了李鸿章、张之洞这样的一批地主阶级，一定程度上适应了世界的潮流，用西方的文化进行调适，以此维护封建统治。通过搞洋务运动，分化出的湘淮军和洋务派，成为晚清政局的主要力量，成为晚清统治者的依靠。另外，在中国的外国侵略者也很多，有英国、法国、俄国、德国、美国、意大利、日本等，这些帝国主义国家的本质是一样的，只是不同时期，不同国家采取的策略不

总理各国事务衙门（1890年左右）

同而已。它们实行合作政策，这个合作政策指的是什么呢？其中一方面是指帝国主义国家与清朝合作，它们不推翻清政府，不取而代之。当然，它们也代替不了清政府对中国的统治。它们是想利用清政府来统治中国，所以支持清政府。当第二次鸦片战争结束后，它们立即转向帮助清政府镇压太平天国，使得清政府脱离了危险，能够继续地统治下去。这是合作的一方面，即中外的合作。另一方面是指帝国主义国家之间的合作。许多帝国主义国家联合起来，侵略中国，在

第四章 艰苦而曲折的近代化历程

中国取得力量的平衡，取得力量的均势，以此来维护自身的利益。当然这种力量的平衡、力量的均势，只能是暂时的，不可能长久下去。只要帝国主义国家间力量对比发生变化，力量的平衡逐渐就被破坏了。第一次力量均势的破坏是中日甲午战争。这一战，日本战胜，随之在中国的力量开始膨胀。此后八国联军进行了整合，八个国家一起来对付中国。但不久，力量均衡又被破坏了，爆发了日俄战争。战胜的日本在中国的势力进一步拓展。所以那是一个很复杂多变的年代，社会力量都在迅速地组合分化，形成了历史上种种复杂的现象。

第二节　洋务运动举步维艰

外国的侵略，将中国推向了半殖民地的深渊，但也带来了西方文明，使中国发生了几千年以来最根本的变化，催生出了中国社会上新的近代化的萌芽。所以中国的近代化不是原生意义上的近代化，不是我们自己本身发展到近代化，而是外国的侵略带来了外国的文化，推动我们走上了近代化道路。外国文明的输入、中国的近代化，不是一步到位的，而是经历了漫长而曲折的过程，是一个阶梯一个阶梯地前进。近代化的第一阶梯，是器物层面的近代化。开始认识西方就是从船坚炮利开始的，造军舰，造枪炮。此后学习西方的机器生产，开工厂，开矿山。而做到这些，要翻译外国书籍，要有科技人员，要引进教育和科技，要有资本。器物层面的前进，也是花了很长的时间。从轮船招商局、上海织布局到电报局、修铁路，都是逐步前进的。但是洋务运动搞了三十年，阻力非常大，举步维艰，进展缓慢，发生了几次大的争论。

第一个是同文馆之争。同文馆要不要开？要不要学习西方的文化？

第二个是招商局之争。招商局要不要开？出现贪污该怎么办？关于贪污这件事，顽固派多次借此阻

江南制造局

西洋画报中的直隶总督李鸿章形象,由此可见以他为代表的洋务派的处境

挠，招商局险些被关闭，李鸿章坚持不答应。

第三个是塞防、海防之争。当然这不属于顽固派和洋务派的争论。这是洋务派内部之争，是湘淮军为了争夺资金分配的斗争。

第四个是撤回留美学生之争。1872年由清朝派出一批幼童赴美留学，原定的学习期限为十五年，后来学了九年便被召回。当时李鸿章、容闳等力主不要将留学生召回中国。美国作家马克·吐温也写信给中国政府，建议不要撤回留美学生，中国政府坚决不听。

在这些争论中，洋务派大多居于下风。顽固派都是气势汹汹，声势浩大，因为中国的传统根深蒂固。同文馆在招生时，科举出身之人，无一报名。顽固派用纲常伦理和华夷之辨来指责和驳斥洋务派，洋务派无言以对。洋务派为什么无言以对？因为他们本身的思想立场和顽固派如出一辙，都是从传统的儒家教育中走出来的，他们认为自己的所作所为也只是对付外国的权宜之计，认识不到中国最根本的国策、根本的传统价值观都要改变。所以，洋务派拿不出什么正当的理由来驳斥顽固派，整个社会基本上也是跟着顽固派走。让更多的人理解洋务运动，需要时间。

洋务运动开始，中国近代化起步。不管它动机如何，效果如何，也不管它整个路线方针存在什么大问题，它还是中国近代化的开始。一桩大事业的开始必然是幼稚的，有许多缺点，走许多弯路，不可能一下子走正确。洋务运动显然是学习西方，不过洋务派对西方的认识不是一步到位，不是全部看清了西方制度，包括优点和缺点，而是逐步深化。开始搞军事工业，为的是镇压太平天国。但搞了兵工厂需要烧煤，需要运输，就开始创办轮船招商局，在唐山开平开办煤矿。工厂里需要外国工程师，外交需要会外文，办工厂需要科学，因此认识到培养人才的重要，就要办同文馆，要派遣留美学生，翻译书籍。办工厂、矿山需要资金，因此认识到要先搞轻工业，开办纺织、面粉、火柴厂。认识逐步深入，行动逐步加快。有人批评李鸿章洋务运动只知改革枝节，只知船坚炮利、开矿、修铁路、建工厂、建海军，不知道最根本的是政治改革和思想改革。这个批评当然是有道理的。但洋务运动就像盲人登楼梯一样，一个台阶一个台阶地摸索攀登，因此洋务运动是个漫长艰难的过程，只能循序渐进。没有人能一下子认识到最后，一步登天，达到目标。甲午战争孙中山上书李鸿章时,思想最超前,但基本上也还是洋务运动的框架。何况李鸿章是封建士大夫,更不能认识到彻底改革的必要性。要知道洋务运动时客观的国际环境险恶,天然竞争者你死我活。当时中国和日本同在东亚,处在竞争态势中,日本明治维新同时开始,但日本成功了,踩在中国身上,挤进了世界列强的行列。中国的洋务运动失败了,中国就此跌进了万丈深渊。

第三节　甲午战争深刻影响世界历史

由于顽固派势力的深厚，洋务运动三十年成效很低。但是有个关键问题，即中国近邻日本明治维新几乎与洋务运动同时开始，却成功了。它的国情与中国不同，日本有学习外来文化的传统，它对外来文化不像中国那样排拒。它有一种功利主义的思想，并不固守义利之辨。所以它一开始学习西方，就全盘西化。大规模地学习西方成为它的根本国策。脱亚入欧是当时日本国人的共识。这一点和中国情况就不一样了。国情不同，思想观点不同，治理国策不同，步骤不同，措施不同，效果就不一样。因此日本不断地造轮船，不断地造军火，而且很快地开议会，搞选举，成

第四章　艰苦而曲折的近代化历程

立内阁，搞普及教育，等等。就在日本变化很大的时候，中国还在争论。铁路之争达十年之久，一条铁路都没能修起来。后来，刘铭传在台湾修了一条较长一点儿的铁路，这已是中法战争之后而临近中日甲午战争之际的事情了。可见，中国的洋务运动相对于日本的明治维新来说，速度慢而成效低，这一点是非常重要的。因为中国和日本同在亚洲，一山不容二虎。在当时弱肉强食，充满竞争的世界里，两个国家想一道崛起，达到双赢，几乎是不可能的。日本要起来，必然要踩在中国的肩上，剥削中国，掠夺中国。同样中国要是起来了，日本就起不来了。当时的历史条件跟今天不一样，只能一个上升，一个趴下。由于中国洋务运动贻误了时机，酿成了后来的苦果。

1862年，日本明治维新还没开始，中国就购买了英国的阿思本舰队，七艘军舰，由英国海军上校舍纳德·阿思本任司令，这是中国第一次为建造海军而做的努力。船上的军官水手都在英国雇好了。1863年舰队经上海开到天津，但阿思本提出，他指挥舰队，只听中国皇帝的命令，但中国皇帝的命令如果不合理，他也可以不听。中国不可能答应他，最终舰队解散，军舰开回伦敦拍卖。

对于当时的中国来说，确实没有能指挥管理舰队的人才。于是左宗棠主张自己造船，自己培养人才。1866年前后，江南制造总局、福州船政局先后成立，还开办了培养海军军官的"船政学堂"。这些举措为中国建立近代海军奠定了基础。这是第二次努力。

第三次努力是李鸿章等人于1888年建成北洋等四支舰队。因为马尾船厂造的船舰质量太差，在中法战争中半天就被消灭了，因此清政府再次从外国买船和装备，舰长及高级军官则由福州船政学堂培养，刘步蟾、林泰曾、林永升等不少舰长还被送到英国海军学院留学训练。北洋舰队的实力当时是亚洲第一、世界第八，舰队当时开到日本长崎，把日本人吓着了：中国建了这么大个舰队，我们怎么办？

清政府本来决定每年提四成海关关税和七省厘金，共四百万两银子用于海军军费。但很快这个提成就不见了，从北洋海军建成到甲午战争，没钱添置新舰，原有的战舰无论航速、射速皆落后于日本。这些银子到哪儿去了？这笔账到现在都说不清。

甲午战争为什么失败了？根本原因是制度腐朽。

第四章 艰苦而曲折的近代化历程

慈禧的六十岁生日是1894年农历十月初十，甲午海战是九月十七日，相隔不远。北洋海军顽强抵抗、浴血奋战，而北京城里锣鼓喧天，彩棚从皇宫一直搭到颐和园，大宴群臣、赏戏。翁同龢日记里都是慈禧太后寿典的事儿，朝廷上下的关注点都是祝寿，根本没人提战事。

与清廷形成鲜明对比的是日本举全国之力建造海军。每年财政拿出30%；日本的皇后摘下耳环，拿出首饰用作军费。中国的皇太后却用海军军费修建颐和园。甲午海战中日本最精锐的"吉野号"舰，本来是中国要买的，因为没钱，就被日本买去了。怎么能打赢啊？

甲午一战决定了中日两国的命运：一个上去，一个下来。当然经过日俄战争后，日本发展更快了。甲午战败是个坏事，中国损失极大，除了巨额赔款外，还被割去了台湾。

坏事中往往也蕴藏着好的契机。中国本来受两千多年封建体制的束缚，麻木不仁，现在居然被一个小小的日本打败了。甲午战争对中国打击之大、割地之多、赔款之巨前所未有，中华民族在物质和精神上所受的伤害极为严重。亲历其事的革命家吴玉章曾说："从前我国还只是被西方大国打败过，现在竟被东方的小国打败了，而且失败得那样惨，条约又订得那样苛刻，这是多么大的耻辱啊！"日本在历史上一直受中国文化影响，其近代化当时也刚起步不久，与之相比，当时中国似乎并不落后多少。北洋海军在亚洲颇具实力，在时人心中，它的存在就是国力强大的象征。而威海卫全军覆灭的悲剧，却无情地证明了这种象征的虚幻性。甲午惨败，清政府的国际地位一落千

《马关条约》签约处——春帆楼

丈，举国震动，呈现出前所未有的民族觉醒。鸦片战争以来四十多年间，中国并没有真正觉醒。这个时候却真正地觉醒了。

中日甲午战争在世界历史上意义重大。其中最深刻的影响是，日本脱颖而出，进而打败俄国，从而与欧美列强并驾齐驱，继续一步步走向第二次世界大战的深渊。中俄两国先后失败，国内又都推翻了专制的王朝体制，经历着不同的曲折发展道路。从这个意义上说，甲午战争影响了世界历史进程，改变了东亚地区的力量对比，塑造了二十世纪国际战略的新格局。

甲午战前，在东亚事务中发挥作用的国家主要有中、日、俄、英。战争导致这四股力量此消彼长、分化组合，直接影响着世界战略格局的变化。

甲午战争在日本史上影响深远，是日本向殖民强国过渡的转折点。日本近代化起步与中国洋务运动几乎同时，都在十九世纪六十年代。此前它也闭关锁国，也受到西方列强入侵的威胁，但与中国不同，它的国内并未因此发生大规模的战争。1853年（清咸丰三年），美、俄舰队先后到日，次年日美签订《神奈川条约》，虽然是在军事威胁之下，却并未真正动武。1864年（清同治三年），英、美、荷、法四国舰队炮击日本下关，但联军登陆后，长州藩迅即求和，战争规模很小。

当时列强之间存在的矛盾冲突，让英美两国都感到扶植日本来牵制沙俄是合算的。日本也及时抓住了这个机遇，通过开展明治维新，走上了富强之路。甲午获胜，日本掠夺的利益之大，连它自己也始料未及，全国都沉浸在胜利的狂热之中。日本实力大大增强，进一步刺激了它向外掠夺的野心。不过，俄、法、德三国干涉还辽事件，逼使日本冷静下来，清醒地估算出前途的障碍，终于在日俄战争中打败了俄国，由此赶上了欧美列强。

中日之外，最关心甲午战争进程的是力图向远东扩张势力的沙皇俄国。1895年（清光绪二十一年）2月和4月，战争即将结束之时，沙皇政府召开了两次大臣特别会议，准备和日本公开对抗，其方针是不能让日本赢得太多。但当时沙俄在远东没有强大的海军，横贯欧亚的西伯利亚铁路也尚未竣工，真打起来没有把握，于是联合了法、德两国进行干涉。甲午战后，沙俄加紧了对中国东北地区的侵略，另外，为了对付

第四章　艰苦而曲折的近代化历程

晚清画报中的日俄战争

英日同盟，俄国于1902年与法国结盟，以保护"两国在远东的特殊利益"。

英国当时在中国获得的侵略权益最多，势力范围最大，它千方百计地维护既得利益，保持优势地位，于是主张"维持现状"。当时英、俄矛盾是全球性的矛盾，列宁曾指出，许多世纪以来，沙皇政府一直在想夺取君士坦丁堡和亚洲大部分地区……英国是这种野心更长期、更顽固、更强大的敌人。两国在争夺伊朗、土耳其和朝鲜等战略要地的斗争中互不相让。十九世纪八十年代，英俄为争夺阿富汗走到了战争边缘。同时，还因为朝鲜的巨文岛而关系紧张。于是，扶植日本抵制俄国扩张，就成为英国的重要政策。

英国虽然在甲午战争中支持日本，同时也不希望清政府受到过分削弱而垮台。正如当时英国首相罗斯伯利在一次演讲中所说："无论如何我不能设想，如果中国的中央政府突然被一个征服势力所覆灭，事情会弄成什么样子。一个无首脑的、没有任何一种政府的中国，意味着一片世人从未想到过的混乱和恐怖景象。"甲午战前，英国把中国当成它与沙俄之间的缓冲来对待，一度还考虑过缔结"英中同盟"。但清政府暴露出的腐朽无能和不堪一击使得英国舆论和政府政策发生了转向。平壤之战（1894年）后，英国《泰晤士报》一篇社论说："关于中国的潜力以及中国迷梦已醒的种种神话，已经被这次战争完全澄清了……中国是一盘散沙，它只有通过外力才有可能打起精神来和组织起来。我们必须注意不使别的国家完成这种事情，而使我们受损失。"因此，当战争后期清政府主动提出缔结中英同盟时，英国政府未加理睬。在选择东亚的同盟者时，英国把目光投向了新兴的日本。当时英国《圣詹姆士官报》等媒体都发表文章，支持日本与俄国一决胜负。英日同盟终于在几年后变成现实。

第四章　艰苦而曲折的近代化历程

甲午战争前后，法德等国也力图在东亚扮演更加重要的角色。中法战争中法国"不胜而胜"，1885年后清廷被迫签订《中法新约》《越南边界通商章程》《中法界务条约》等一系列不平等条约，承认法国对印度支那诸殖民地的宗主权，中国西南门户洞开，法国侵略势力长驱直入滇桂。

到十九世纪九十年代，美德两国已跃居世界工业强国的头两位，但它们的经济实力与其在东亚获得殖民利益的份额并不相称。德法两国通过参与"干涉还辽"，分别"租借"了胶州湾和广州湾，法国还在滇越边境勘界中捞到了好处。美国则凭借雄厚的经济实力，借助《马关条约》的规定，从1894年到1900年对华出口贸易额几乎增加了五倍。1898年12月，美国总统麦金莱宣布："正在中国发生着的重大事件，美国并不是一个漠不关心的旁观者……我们的目的，是要用一切适当的、合于美国政府传统的手段，来促进美国在该地区的巨大利益。"次年，美国独立提出"门户开放"政策，主张保持中国的领土完整，反对列强的血盆大口把中国撕裂得一干二净。

朝鲜是甲午战争前后东亚矛盾冲突的焦点所在。

日本在朝鲜疯狂地推行"大陆政策"，视之为入侵中国东北的桥梁，急迫地要在这个进出日本海的锁钥上建成入侵亚洲大陆的桥头堡。此时沙俄也把扩张重点放在了东北亚地区，十九世纪八十年代中期，沙皇曾力图把朝鲜变成保护国，俄阿穆尔总督曾奏称："我俄国自1860年《北京条约》后，领土扩展至图们江……当今我所应大勉者，即在维持朝鲜之独立，但该国为东方一弱国，若无强盛之保护者，决不能保其社稷……我俄国宜毅然担任保护之责，实地势上所不得不然者也。"英国则从维护优势地位出发，希望朝鲜成为缓冲地区，终于在1885年，借口俄国军舰在海参崴集结，强占了朝鲜的巨文岛。甲午战后，朝鲜一步步沦为日本殖民地，李氏朝鲜王朝转而向沙俄寻求庇护。1904年，日俄为争夺朝鲜和中国东北发生战争，次年日本战胜，独霸朝鲜，朝鲜人民则开展了蓬勃的反日斗争。

再回到中国，中国近代爱国热情的高涨，甲午之战应该是一个重要的标志。改革要求的高涨、革命运动的高涨全在此时开始。所以这个时候，中国人民才认识到，中国不仅要在器物层面上改革，而且要在制度层面上改革。改革越深入，反对的势力就越猖狂。结果后来的戊戌变法也失败了，康梁逃亡，六君子被杀。当然，也有人说改革是否应该缓慢一点才好，是否应该等耐心地说服慈禧太后以后再行改革。我认为改革快慢从某种意义上说，也是由环境决定的。改革快慢的方案不是由康梁所能设计和驾驭得了的，而是由当时的客观环境产生的，不是谁想好了，谁设计好了的。中日战争失败以后，社会上群情激愤。群众觉醒，要求大变、速变、快变。这是康有为的话，它代表当时社会的一种趋势，它反映了一种客观的状态。在这种形势下，必然要求迅速变法和全部改革，这就是戊戌变法。

第四节　戊戌变法与晚清新政

甲午战争的失败对中国影响之大、刺激之深，是前所未有的，中国真正有了亡国灭种的切肤之痛。康有为的上书，皇帝虽还没有看到，但许多知识分子看到了，起了很大的警醒作用。报刊、学会、学堂在各地纷纷涌现。当时中国资本主义的发展，这些都是戊戌变法运动的物质基础。时间虽然很短暂，但各种工厂开办了很多，连新科状元张謇也跑回家乡，开办大生纱厂，搞实业救国去了。当时有一个值得注意的新趋势，即是商办工厂多了，也就是私营企业多了，官办、官督商办少了。事实证明官办工厂弊端重重，效率低，很多亏损倒闭，洋务时期和后来张之洞办的民用企业就是这样。

戊戌变法是一次不成熟的改革运动，是一件突发事件，不是逻辑地发生的，但它也是当时社会的需要和必然，因为有了一点资本主义经济发展，有了一点社会传媒（报刊）和群众团体（学会）的出现，有了一批先行的思想家的鼓吹（如薛福成、王韬、郑观应），特别是有了甲午战争失败的刺激，人心激愤，人心思变，这就是戊戌变法必定会发生的原因。但是当时的人们并不知道怎样变。当时经济很脆弱，改革主体没有发育成熟，没有改革理论，完全套用外国的经验，但并不适用于中国的现实。当时中国改革的群体力量尚未壮大，"改革的群体力量"就像在母腹中躁动欲出的婴儿，但当时中国还没有一位强有力的改革领袖，光绪帝和康有为只好来充当不称职的接生婆。康有为登高一呼，群起响应。康是一个大智大勇的人，他既看到了改革的迫切必要性，又甘冒千万人的反对，举起改革的大旗，不避艰险，勇敢向前。他既是第一个发出呐喊，呼唤改革的人，又是知识上、性格上有缺陷的改革者。这些缺陷，导致改革的夭折，但即使没有他那种冒失作假、不慎重的性格缺陷，戊戌变法也不会成功。因为守旧派和维新派的力量对比太悬殊了，改革运动尚未成熟，未成熟的改革运动才培养出了软弱的光绪和康有为这样未成熟的改革家。

当时，"人心思变"，连慈禧太后对改革也是点了头的。光绪的有些措施，她曾经同意了，后来突然一下子完全变了卦。是光绪和康有为行动过激得罪了她？有人说慈禧并不是个守旧派，你看她从西安回来，态度很开明，那是因为形势已经急剧改变，革命运动已经起来，不改革清朝走投无路，只能灭亡。慈禧不过是随大流，甲午战败也说要改革，只是口头上说说而已，因为真要实行改革，就会侵犯她和她周围人的利益，她必定要拼命反对，这就是"叶公好龙"。改革越是深入，触动的面就越大，反对也愈加激烈。一大批守旧派集结起来，慈禧就是守旧派的领袖。礼部六堂官被光绪罢黜，礼部尚书怀塔布的媳妇就是慈禧的亲戚。罢免她的亲戚，连个招呼也不打，怎叫她不反对？如果说慈禧不是守旧派，那么当年就没有一个守旧派了。判断人物的政治倾向不是根据他口头上曾经说过什么，要看他一生的言论和行动，特

第四章 艰苦而曲折的近代化历程

日本出版物中的慈禧太后写真

别是关键时刻的言论和行动。慈禧从政治上说，既是个有心机、有权术的人，又是个浅薄、短见、昏庸的人，她并未认识到国家和她自己的长远利益所在。中国正处在国家危急的关头，偏偏有这样一个不允许有所作为的最高统治者、顽固的守旧派，她一手扑灭了改革并杀害了六君子，这是极大的悲哀与不幸！

甲午战后虽说人心思变，但这只是出于一时激愤，其实很多人的头脑并没有变，还是装满旧思想，着实需要一次启蒙运动。戊戌变法政治改革虽然失败，但它在思想启蒙方面做了很多工作。人们久处在封建闭塞的发霉气氛中，忽然吹进来一股新鲜的气息，麻木不仁的头脑开始清醒过来了，僵硬的四肢逐渐动弹起来了。这形成了中国的第一次思想解放，促使很多人觉醒，纷纷从改良走向革命。

好几位先生都用"睡"和"醒"来形容十九世纪中国人的情形，这确是很形象的比喻。中国国门关闭甚紧，专制统治日久，不知世界大势，不识新鲜事物，浑然入梦。拿破仑就曾说过：东方的中国像一头正在睡觉的大狮子，最好别去惊醒它，要是它醒来，世界会因而颤抖。中国在近代多次遭到外国入侵，每一次战争，中国人因受刺激而醒了一下，但随后又睡着了。确实如此，十九世纪中国睡着的人太多了，睡觉的时间太长了，很多人长期在昏昏入睡，从未醒来。例如，戊戌变法时，全国督抚中除了陈宝箴、张之洞以外，哪一个是清醒的？有的人是先睡后醒的，如翁同龢；有的人是先醒后睡的，如康有为。戊戌变法以后，康有为站在原地不动，时代在前进，他就落后了，成了保皇派。总之，在那个时代睡觉的人太多，所以当时梁启超说要"开民智"，写了《新民说》，孙中山也说要唤起民众。

戊戌政变以后，维新运动被扼杀，社会发生反弹，发生了义和团运动。本来义和团运动是民众日益高涨的爱国主义情怀的表现，它是反对帝国主义侵略的，但它具有反理性的一面，反对向西方学习，拆铁路，拆电线杆，滥杀无辜，杀所有的教士和教徒，而且和顽固派联合起来，与八个国家作战。八国联军进京，义和团运动失败，慈禧太后逃亡。义和团运动，再次证明了农民的重要性。在中国，农民是头等重要的力量。没有农民，中国什么事都做不成。但历史也证明，只有农民，没有其他阶级、其他力量的参与，

清史三百年

八国联军进京，北京失陷，联军的旗帜在京师飘扬，国外的画报记录了这一事件

农民很多事情做不好，很多事情都要弄糟。历史进入二十世纪，慈禧太后被八国联军赶到西安。清政府腐败透顶，倒行逆施，而洋人在重重地打击它之后，又将它扶植起来了，恢复它的统治。清政府的力量何在？威信何在？体面何在？这样的政府还能维持下去吗？当时清朝的统治失去了合理性、合法性。中国近代化进入一个新的阶段，中国必然要进行政体改革，要改造政权。民众要求一个有效率的、有权威性的政府。政治体制的改革需要一个客观的社会基础，即社会结构的变化。没有社会结构的变化，政治体制的改革是空谈。社会上要出现一种推动政治改革的力量。

慈禧太后从西安回来后实行新政，中国又发生了许多变化。实际上，她是实行了戊戌变法时提出的一些改革要求和一些纲领。这在中国历史上产生了强烈的反响，产生了很深的影响。我简要地讲讲它所产生的几点影响。第一，科举制度废除了，成千上万的知识分子失去了目标、方向，没有了上进之路和生活来源，他们该怎么办？这部分人中很多人跑到日本去留学。1905年和1906年有上万人留学日本。成千上万名学生蜂拥到外国，这意味着什么呢？日本当时成了中国革命的摇篮。去日本留学的人，都是有文化的，有热情的，血气方刚的青年。他们很多人参加了革命党，在那里成立了同盟会，这便培养了革命党。这是中国社会客观力量的变化。第二，清政府为了巩固它的军事力量，改组军队，练新式军队，要招募有文化的年轻的士兵。这样就把一些知识分子招进来，把一些革命分子招进新军里了。中国军人都革命化了。这成为培养中国革命者的又一个摇篮。第三，会党。由于农民、手工业者穷困破产，游民大量增加。为了互助谋生，他们便组织成秘密会党，加上本来就有的天地会、哥老会，于是会党力量大大增加，成为革命党的第三摇篮。第四，地方绅商。他们都是地方上有钱的、有头有脸的人物。他们组成商会，其中很多人不赞成革命，反对革命，他们要走君主立宪制的道路。但是他们对清政府也不满，不满它的保守、落后、僵化，要对它进行改革。绅商不是直接的革命党人，但他们既是革命党人的竞争者，在反对清政府方面又是革命党的同路人。清末新政加速了社会的变动，加速了社会结构和力量的变化，也加速了革命的到来。清政府无意之中培养了它自己的掘墓人。

第四章 艰苦而曲折的近代化历程

国外画报中的中国新军

孙中山正是顺应了这样的历史趋势，走在历史的前头，做出了推翻封建专制主义制度的伟大功勋。当初革命党和立宪派竞争，但革命胜利了而立宪派没有成功，原因何在？因为中国激烈的社会变动将强烈要求改变中国现状的革命力量推上了前台，而把要求缓进的力量边缘化。要求缓进者不能够主导历史的潮流，革命的胜利是必然的。这是由中国当时的国情决定的。革命的成功，并不仅仅是革命党人预先谋划的，而主要是客观的形势造就的，水到渠成。

第四章 艰苦而曲折的近代化历程

第五节 袁世凯告密真相

戊戌变法中有一个关键的细节就是袁世凯的告密问题。传统的说法是：因袁世凯告密而导致慈禧政变。究竟袁世凯怎样告密？至今众说纷纭，留下重重疑团。变法运动，从戊戌年四月二十三日（1898年6月11日，以下均用旧历）光绪下《明定国是》诏谕开始。接着新政上谕，如雪片飞下，频频颁发，而守旧派推宕拖延，全力阻挠。新政无法实行，诏谕全成空文，两党形同水火，势不两立。七月三十日，光绪帝颁密诏给杨锐，嘱维新派妥筹良策，推进变法。密诏中说："朕位且不能保，何况其他？"光绪帝意识到将有变故，自己处在危险地位，流露出焦急心情，要维新派筹商对策。八月初二又由林旭带出第二次密诏，令康有为"汝可迅速出外，不可迟延"。康有为、梁启超、林旭、谭嗣同等维新派的核心人物跪诵密诏，痛哭失声，誓死搭救皇帝，不得已铤而走险，决定实行兵变，包围颐和园，迫使慈禧太后交权。八月初三谭嗣同夜访法华寺，会见袁世凯，说袁举兵杀荣禄，围颐和园，对慈禧太后则或囚或杀。此后事情的发展有不同说法，传统说法是：袁世凯是个两面派，一面假意和维新派周旋，骗得光绪帝封他为侍郎，另一面看到慈禧的势力根深蒂固，决定投靠旧党。他用假话哄走了谭嗣同，八月初五向皇帝请训，当天乘火车回天津，向荣禄告密，出卖光绪帝和维新派。当夜，荣禄赶回北京告变。八月初六晨，慈禧临朝训政，囚禁光绪，捕拿维新派，杀六君子，百日维新遂告失败。

一、三个疑点

1. 第一个谜：政变之初，慈禧为何不捉拿谭嗣同

以上传统说法长期流行于史学界，但近几十年来，不少历史学家对此提出疑问，否定了因袁世凯告

密而导致慈禧政变之说，其理由如下：八月初六慈禧实行政变时，如果是袁世凯告密而导致政变，则政变上谕中必定指名捕拿谭嗣同，因谭是往说袁世凯围园劫持太后的人，属于"逆首"，慈禧太后绝不会放过他。何以上谕中只命捉拿康有为、康广仁兄弟，没有谭嗣同在内？而且上谕中康的罪名是"结党营私，莠言乱政"，罪名较轻。如果有围园劫太后之谋，则是大逆不道，罪在不赦，上谕中，何以轻轻放过？

2. 第二个谜：荣禄不可能乘火车连夜赶回北京

还有，袁世凯在八月初五上午觐见光绪后，即乘火车回天津，"抵津，日已落"（袁世凯《戊戌日记》），袁赶到荣禄处告密，已在夜间，荣禄得知围园消息后，万难在当夜赶去北京，把消息反馈给太后。因为，当时北京、天津之间的火车通行不久，只有白天行车，没有夜车，也缺乏夜间行车的设备、经验与技术。即使荣禄以直隶总督之尊也不可能下令加开一次夜车。荣禄于八月初五夜间万万赶不到北京，而慈禧太后实行训政却在初六上午，可见太后的政变并非由袁世凯告密所引起，政变时还不知道康有为等有围园劫太后之谋。政变是新旧两党长期矛盾积累的结果，守旧大臣杨崇伊等认为维新派乱政妄行，请求慈禧太后出而训政，这是守旧派的一个既定步骤，与袁世凯告密无关。

3. 疑点重重的袁世凯《戊戌日记》

袁世凯在《戊戌日记》中说，谭嗣同深夜来访，再三要求袁世凯举兵杀荣禄，包围颐和园，并说："不除此老朽（指慈禧太后），国不能保。"袁世凯闻言大惊，推辞敷衍，不肯答应。

袁世凯在《戊戌日记》中并未讳言自己告密，并且他告密是积极的、主动的，回天津后立即找了荣禄。袁写此日记时是在清朝统治时期，告密是忠于皇太后、忠于清朝的表现，毋庸讳言。

可是《戊戌日记》存在几个疑点。第一，包围颐和园，杀慈禧太后，这是何等重大而紧急的事件，袁世凯告密如果是积极的、主动的，可以在第二天，即初四在北京告密，守旧党庆王奕劻、刚毅都是慈禧太后心腹，也是袁世凯的朋友。如果袁决心告密，他可以初四在北京找到北京的大臣告密，何必一定要回天津向荣禄告密？初三夜，谭嗣同找他密谈，提出围园杀太后之谋，初四一天何以袁毫无动作，没有

第四章 艰苦而曲折的近代化历程

在北京告密？第二，据袁世凯说，初五返津见荣禄，即要告密，"略述内情"，忽有客人叶祖珪入座，因此欲言又止，只好等明天再说。此是何等大事，谭嗣同已募勇士数十人在京，事态一触即发，慈禧有旦夕之祸，却因为座上有客人，把此事延宕一天，难道袁世凯不能禀明荣禄有要事相告，设法把客人支走？袁世凯是何等精明人，办事却如此拖沓、糊涂？第三，第二天，即八月初六上午荣禄来访，袁世凯和盘托出围园杀太后之谋，按理荣禄应立即行动，驰京报信，两个人"筹商良久，迄无善策"。商量的是什么？听袁世凯之言，似乎在商量如何保全光绪，当时处在危险中的是慈禧而非光绪，他们不为处在危险境地的慈禧担忧，却在筹商保护光绪的办法。荣禄同样变成一个糊涂蛋，听到这样紧急的消息，并不马上向北京报告，却在那里瞎操心光绪的安全，白白又耽搁了一整天，这岂不蹊跷？以上所引袁世凯《戊戌日记》中所谈的告密情形存在疑点，因此，不可相信。

二、两名亲信泄露真情

袁世凯告密的真相如何？事属机密，缺乏真实可信的记载，但可以从其他史料中窥测到一些痕迹。

1. 袁世凯的亲信张一麐的记述。据张一麐在《心太平室集》卷八所记：袁初五返津，隔一天后，杨崇伊来天津，向荣禄报告训政的消息，但所记袁告密时，杨崇伊已在荣禄处；荣禄已知政变消息；且"令卫兵夹道罗列"，这三点很值得注意。由于袁世凯刚从北京回津，受光绪帝封为侍郎，荣禄也心存疑虑，故而见袁时"已令卫兵夹道罗列"。袁世凯从杨崇伊那里得知太后训政，捉拿康有为、康广仁的消息，一定吓坏了，害怕康有为供出初三夜谭嗣同访袁于法华寺，密谈兵变围园之谋。遂将当时守旧派尚不知道的围颐和园、杀慈禧太后的密谋，和盘托出，故有"袁乃跪求荣为作主"的举动。这样看来，袁世凯的告密并非积极、主动，而是在他已听到慈禧太后训政消息之后，怕受连累被惩罚，被动告密。如果袁是积极主动告密，那就不会有"卫兵夹道罗列"，不会有"杨崇伊在座"，也不会有"袁乃跪求荣为作主"。

因此，不是袁世凯的告密，导致慈禧太后政变，而是慈禧太后政变导致袁世凯告密。张一麐颇有做证的资格。他1903年入袁世凯幕府，长期随袁工作，为袁亲信，所说必在北洋幕中所闻，或是袁世凯亲口所说。但所记告密真相与袁世凯《戊戌日记》不同，《戊戌日记》实为袁世凯后来所记，当有所讳饰。

2. 荣禄的亲信陈夔龙的记述。陈夔龙在《梦蕉亭杂记》中所记与张一麐有几点符合：一是袁世凯告密在杨崇伊到天津之后，荣禄已知太后训政，但"佯作不知"；二是袁世凯当时受到很大压力，虽未记"卫兵夹道罗列"，但荣禄对袁世凯已怀疑；三是张一麐记"袁乃跪求荣为作主"，而陈夔龙记"袁知事不谐，乃大哭失声，长跪不起"。陈夔龙亦有做证资格，戊戌政变后不久，即调到荣禄幕府，是荣禄的亲信，官至湖广总督、直隶总督。他和袁世凯不睦，消息来源应是从荣禄处来而不像张一麐从袁世凯和北洋幕府中来。但两人所记袁的告密情形却很相似。从张、陈二人所记，袁世凯本来没有告密的念头，是在初六晚听到杨崇伊带来太后训政捉拿二康的消息后，怕受到牵连，故而告密，这是他的保命之计。这告密消息又由杨崇伊带回北京,守旧派才知道兵变围园的密谋。八月初九遂有旨:"张荫桓、徐致靖、杨深秀、杨锐、林旭、谭嗣同、刘光第均著先行革职,交步军统领衙门,拿解刑部治罪。"(光绪二十四年八月初九日上谕)由于袁世凯告密,事态扩大,继续搜捕,并不经审讯于八月十三日处决六君子,八月十四日宣示罪状,有"包藏祸心,潜图不轨,前日竟有纠约乱党,谋围颐和园,劫制皇太后,陷害朕躬之事,幸经觉察,立破奸谋"。这道谕旨说明袁世凯的告密已反馈到了北京。

袁世凯虽非主动告密,但把围园密谋和盘托出,总算将功补过,不但被旧党宽容,而且受到重用。荣禄进京,袁世凯奉命护理直隶总督,其新建陆军得赏银四千两。以六君子的鲜血染红了自己的顶子,但守旧派对他并不完全信任,慈禧太后因袁参与围园密谋,并未主动出首,欲加重惩。荣禄却看中了袁的才能,为袁力保。慈禧太后起始时,认为袁世凯是维新一党,由于荣禄力保,袁才能够保全官位。如果袁世凯是主动告密,慈禧怎么会认为袁世凯"存心叵测,欲置之重典"呢?

三、袁世凯与维新党的关系

应该说，慈禧把袁世凯认作维新党人是有道理的。事实上袁世凯与维新党人联系密切，不但与闻兵变之事，而且参与密谋，做出投向维新派的承诺。他在维新变法问题上和康有为的思想十分接近。甲午战争以后，他即和康有为结交。1895年，在康有为发动公车上书以后，袁世凯时在督办军务处当差，也曾向光绪帝上书，条陈变法事宜，他当时的思想观点和康有为很接近。

1895年夏，康有为第四次上书，都察院、工部不肯代递，袁世凯曾帮助向督办军务处要求代递。不久，强学会成立，袁世凯积极参加，是发起人之一。后来袁世凯奉派赴小站募新建陆军，康有为等为袁设酒饯行，康有为对袁的印象也极好，认为："袁倾向我甚至，谓吾为悲天悯人之心，经天纬地之才……"

1. 袁世凯越级提升是由于维新党大力举荐

袁世凯与维新派建立了联系。维新派要借重袁的兵力，而袁则想通过维新派的荐举，升官晋爵。当然，袁世凯官位已高，不便和维新派公开来往，他的联系人即是徐世昌。袁世凯从三品按察使升为二品候补侍郎即是徐世昌向维新派活动的结果。

袁世凯通过维新派的荐举,越级提升。袁对维新派感激不尽,他们之间的关系拉得更近了。维新派内部议论的机密事,也不避着袁,而且袁表示支持。不管怎样,光绪帝是合法的君主,袁世凯除了思想上与维新派有一致之处,无论从忠于君主的伦理观念说,或是为个人名利地位计,他也会向维新派靠拢。

八月初三,当光绪帝的密诏带到康有为那里,语气紧迫,有"朕位且不能保"的话,维新派的几位核心人物聚在一起,捧诏痛哭,商议救光绪的办法,其

袁世凯接见外宾

中竟有袁世凯的心腹徐世昌在内。

维新派的核心人物跪诵密诏，相与痛哭，谋划救光绪的策略，这是何等机密的大事，却有袁世凯的心腹徐世昌参加，徐是袁的代表，如果不是袁已对维新派做出全力支持的承诺，维新派是不会让徐世昌参加这一秘密活动的。

2. 袁世凯对维新党的承诺："赴汤蹈火，亦所不辞"

袁世凯对维新派做过全力支持的承诺，从毕永年的记载中可以证实。毕永年是谭嗣同的好友，为人豪侠，谭嗣同邀请他到北京来实行兵变，待劝说袁世凯杀荣禄、围颐和园后，即由毕永年率领勇士，拘执太后。康有为对他说：袁极可用，吾已得其允据矣！乃于几间取袁所上康书示仆，其书中极谢康之荐引拔擢，并云赴汤蹈火，亦所不辞。康曰：汝观袁有如此语，尚不可用乎？仆曰：袁可用矣。袁世凯给康有为的信中："赴汤蹈火，亦所不辞"，这分明是愿意执行极危险的任务，袁写信时不一定知道要围园劫后，但必定已知道康有为要借重他的兵力，去对抗守旧派，故而做出"赴汤蹈火，亦所不辞"的承诺。这样我们才可以理解，为什么八月初三维新派核心人物，跪诵密诏，谋救光绪时，这是多么机密的大事，竟会有袁的代表徐世昌在座，正因为袁世凯已做出十分肯定的承诺，维新派才会对他完全解除戒备。维新派与徐世昌跪诵密诏，商量救光绪时，自然会谈到杀荣禄、包围颐和园、劫持太后的密谋，因为这是维新派既定的策划。毕永年七月二十七日到北京，二十九日，事态紧急，维新派走投无路，就要把策划多日的密谋付诸实施。他们请徐世昌一起看密诏，就是要说服徐同意进行兵变，围园夺权，据康有为的说法"吾乃相与痛哭以感动之，徐菊人亦哭，于是大众痛哭不成声"。但是，实行兵变的关键人物是袁世凯，徐世昌不能决定这样的大事，于是就有当夜谭嗣同夜访法华寺，与袁世凯面谈之举。因此，谭嗣同夜访法华寺就不是一桩突然的、冒失的行动。如果袁世凯与维新派交往甚少，属于圈子以外的人，谭嗣同会那样冒冒失失地去夜访他，向袁谈极机密的消息，要袁去做极危险的举动吗？谭嗣同是血性汉子，豪侠任气，为事业而不惜自己牺牲，但他是读书明理的人，不是莽撞的冒失鬼。据毕永年说，谭嗣同不赞成围园劫后的举动。谭云："此事甚不可，而康先生必欲为之，且使皇上面谕，我将奈之何？"为了挽救维新事业，执行光绪与康有为的命令，谭答应夜访袁世凯，不惜一走龙潭虎穴。如果袁世凯事前没有"赴汤蹈火，亦所不辞"的承诺，他未必肯如此冒失从事。尤其是袁世凯的《戊戌日记》中把谭嗣同写成突然闯入的不速之客，"气焰凶狠，类似疯狂"，"腰间衣襟高起，似有凶器"，并非事实。这样的描写只是袁世凯为了掩盖自己和维新派的密切关系而编造出来的。

3. 为保全自己，袁世凯出卖了维新派

袁世凯虽早已参与维新派的谋划，并承诺要支持维新派，但八月初三提出了杀荣禄，调兵入京围颐和园劫持太后之谋，袁世凯犹豫了。因为执行此计划极其冒险且难度很大。袁军虽精锐，但周围有聂士成、董福祥的军队牵制。聂、董的军队人数远在袁军之上。且袁军驻扎小站，离北京二三百里，要长途行军，突破聂、董二军的阻拦，奔袭颐和园，成功的把握实在太小了。袁提出到天津阅兵时，光绪帝走入袁营中的设想。这一计划可能维新派与袁世凯早已商量过，袁主张实行这一计划，成功的可能性较大。袁世凯握精锐之师，有天子在营中，以静制动，谁敢有异言？但当时形势已迫在眉睫，维新派知道等不到天津阅兵，慈禧太后就要下手了，对袁世凯表示失望。故翌日（八月初四）康有为即奉旨离京，留在北京的谭嗣同、梁启超等没有想到袁世凯告密，而事实上袁亦没有立即主动告密。

荣禄一直在窥测事态的发展，袁世凯被召进京，封为侍郎，荣禄很紧张。谎称英俄在海参崴开战，大沽口外，战舰云集。故调动军队，把聂士成军调到天津，把董福祥军调到长辛店，以防不测。并写信给袁世凯，催他赶快离京返津，袁世凯回到天津，并没有发生像他在《戊戌日记》中所说与荣禄的谈话，而荣禄只是把他留在天津，未让他回小站营中。并且像前文引张一麐、陈夔龙所记，荣禄对袁世凯严密防范。袁世凯听说北京发生政变。慈禧太后再出训政，捉拿康有为，吓得魂飞天外，以为密谋已经败露，故"大哭失声，长跪不起"，向荣禄表示忏悔，并将谭嗣同夜访之事，和盘托出，为保全自己，出卖了维新派。

4. 袁世凯的《戊戌日记》写于荣禄死后

荣禄是守旧派中极有头脑的人，他认为袁世凯是

第四章 艰苦而曲折的近代化历程

不可多得的人才，一心想笼络他。而且袁供出了围园劫太后的密谋，给守旧派提供了镇压的借口，故而宽恕和庇护了袁世凯，从此袁死心塌地追随着慈禧太后和荣禄。

谭嗣同夜访法华寺的重要史料，一是梁启超的《戊戌政变记》，一是袁世凯的《戊戌日记》。梁启超讳言围园劫太后的密谋，称此为守旧派的诬陷，其实维新派确有此密谋，最近发现的毕永年《诡谋直纪》是不可辩驳的铁证。但袁世凯在《戊戌日记》中所说亦非事实真相，他隐瞒了和维新派往来的事，讳言曾参与了密谋，而且诡称自己告密在前，听到政变的消息在后。可能因为当时社会上有戊戌年袁世凯与维新派勾结兵变的传言，袁世凯为平息传言，洗刷自己，写了《戊戌日记》，证明他一直忠于慈禧太后。好在荣禄已死，袁世凯何时告密？怎样告密？已死无对证，不为人知了。他没有想到自己在《戊戌日记》中叙述八月初三以后的活动中露出了破绽。其他史料中的蛛丝马迹也透露了他通过徐世昌和维新派的联系，以及从北京觐见皇帝回津后受到荣禄施加的压力。

从现存史料中得出如下看法：

袁世凯在戊戌变法期间一度倾向于维新派。他通过徐世昌与维新派保持联系，与闻和支持他们的密谋，并且做出了使用兵力的承诺，当事机紧迫时，他又不敢做杀荣禄、兵围颐和园、劫持慈禧太后的冒险举动。八月初五回天津后尚未告密。八月初六晚，听到杨崇伊带来的政变消息，袁世凯以为事情泄露，为保全自己，和盘托出围园劫太后的密谋，致使事态扩大，大批维新派被捕、被革、被逐和六君子被杀。

第四章 艰苦而曲折的近代化历程

第六节 光绪之死

戊戌变法之后,名义上的清朝皇帝仍然是被囚禁在瀛台的光绪帝,他和统治中国近半个世纪之久的慈禧太后几乎同时死去。皇帝死于光绪三十四年十月二十一日酉时(下午五至七时),太后死于十月二十二日未时(下午一至三时),相距不到二十小时。这正当八国联军攻入北京后的第八年,中国备受帝国主义的欺凌侮辱,国势阽危,民生凋敝,国将不国。光绪和慈禧同时死亡,老百姓深感震惊、诧异、惶惑,有识之士担心中国这艘千疮百孔的破舟会不会在惊涛骇浪中沉没?其命运如何?光绪和慈禧在政治上势不两立,矛盾尖锐,一个是三十八岁的壮年,一个是七十四岁的老人,两人同时死亡,这难道是巧合?其中是否有不可告人的阴谋?会不会是慈禧太后临死之前恐怕光绪皇帝复出掌权、全翻历史的成案,故而谋杀了光绪?一天阴霾,疑云纷起。逃亡到海外的保皇党人为光绪吊丧,大肆声讨慈禧太后与袁世凯,指责他们是谋害光绪的主犯,舆论讨伐,沸沸扬扬。但他们远在海外,并不清楚光绪是怎么死的,仅在两人的死亡时间上质疑,拿不出确凿的证据。国内人众也狐疑满腹,流言纷纷,清廷严加查禁,"奉旨著民政部、步军统领、各督抚悬赏购缉造言煽乱匪徒"(许宝蘅《巢云簃日记》)。宫廷事秘,"斧声烛影",谁也不明真相,谁也不敢公开议论。胡思敬回忆当时的情形说:"德宗(光绪)先孝钦(慈禧)一日崩,天下事未有如是之巧。外间纷传李连英与孝钦有密谋,予遍询内廷人员,皆畏罪不敢言。"(《国闻备乘》)

一

在皇帝、太后死亡之前四年,即光绪三十年,早已有人预言到光绪先死。清朝外务部右侍郎伍廷芳早在1904年就对日本公使内田康哉透露光绪皇帝必定会死在慈禧太后之前。"内田康哉问伍廷芳：当皇太后驾崩后皇上会如何？伍言道：亦如世间传闻，诚为清国忧心之事，万望无生此变。伍话中之意，皇太后驾崩诚为皇上身上祸起之时。今围绕皇太后之宫廷大臣，及监官等俱知太后驾崩即其终之时。于太后驾崩时，当会虑及自身安全而谋害皇上。此时，万望能以我守备兵救出皇帝。"（孔祥吉、村田雄二郎《罕为人知的中日结盟及其他·绪论》）

其实，慈禧死前必定会谋杀光绪，许多官员太监对此心知肚明，但不敢说出。国内较早指出这一弑君阴谋的是长期陪侍光绪皇帝的翰林院侍读学士、起居注官恽毓鼎。他的工作是记录光绪的起居言行。在清朝灭亡以前，即宣统三年四月他已写成《崇陵传信录》，这是光绪帝的一本传记。其中说："（光绪三十四年）十月初十日，上率百僚，晨贺太后万寿，起居注官应侍班，先集于来薰风门外，上步行自南海来，入德昌门，门罅未阖，侍班官窥见上正扶奄肩，以两足起落作势舒筋骨，为拜跪计。须臾忽奉懿旨'皇帝卧病在床，免率百官行礼，辍侍班'，上闻之大恸。时太后病泄泻数日矣，有谮上者谓帝闻太后病，有喜色。太后怒曰：'我不能先尔死。'"

这是恽毓鼎在光绪死前十一天亲历的记载，所记慈禧的话和伍廷芳告知日本公使的话完全符合。十月初十是慈禧的生日，光绪率领百官前往慈禧处探病与请安，从南海步行到德昌门，恽毓鼎随从侍班，皇帝扶着太监的肩头，做身体起落的活动，以舒筋骨，可见身体尚健康正常，但太后不愿与皇帝见面，传谕竟说：光绪已有病卧床，不必再见面了。光绪听了大概很吃惊，话中包含杀机，是不祥之兆。这是武昌起义前半年多的记载。到了民国二年正月十七日，此时清朝已亡，言路已开，无所禁忌，恽毓鼎在《日记》中说道："清之亡，虽为隆裕（光绪的皇后，称隆裕太后。辛亥革命推翻清朝，批准发布退位诏书的是隆裕太后），而害先帝，立幼主，授载沣以重器，其祸实归于孝钦也。"（恽毓鼎《澄斋日记》二，632页）恽毓鼎直接指出了"害先帝"的是慈禧太后。民国以后，《崇陵传信录》传播甚广，慈禧谋害光绪之说得到佐证。越到后来，记事者日多，传闻更甚。如《方家园杂咏纪事》中说："吾闻南斋翰林谭组庵，内伶教师田际云皆言，大变之前二日，尚见皇上步游水滨，意志活泼，证以他友所闻，亦大概如此。"尚书陆润庠曾为光绪请脉，对人说："皇上本无病，即有病，亦肝郁耳！意稍顺当自愈，药何力焉？"（《国闻备乘》）许多曾给光绪看过病的医生虽然都认为光绪身体虚弱，常年生病吃药，但死前一段时间病情未见加重，身体尚属正常，并未突发急性致死的病症。其中名医屈桂庭说，光绪死前三天"在床上乱滚"，"向我大叫肚子痛得了不得"，且"面黑，舌焦黄"，"此系与前病绝少关系"（《诊治光绪帝秘记》）。晚清内务府大臣增崇的儿子回忆，他幼年时适逢光绪之丧，他父亲接到光绪死的消息，跟叔叔们说："就是不对，前天，天子受次席总管内务大臣继禄所带的大夫请脉，没听说有什么事。""前天继禄请脉后说：'带大夫的时候，上头还在外屋站着呢，可怎么这么快呢？'一位叔父说：'这简直可怕啦！'另一位叔父说：'这里头有什么事儿罢！'我父亲叹了一口气，又摇摇头说：'这话咱们可说不清啦！'"（察存耆《关于光绪之死》，《文史资料选辑》总122期）光绪死后，穿戴入殓，一反常规，都由宫内太监一手包办，未让内务府插手。"光绪身故后，便是销声匿迹地移入宫中，甚至入殓之际究竟是什么样，也无人能知其详，就连在内务府供职的我的父亲、叔父们都讳莫如深，避而不谈。"（同上）

还有曾经陪侍慈禧太后、在宫中生活多年的德龄在《瀛台泣血记》中写道："万恶的李连英眼看太后的寿命已经不久，自己的靠山快要发生问题了，便暗自着急起来，他想与其待光绪掌了权来和自己算账，不如还让自己先下手为好。经过几度的筹思，他的毒计便决定了。"据德龄所述，光绪之死，就是在慈禧同意下李连英下毒所致。德龄对慈禧很有好感，书中很多处赞扬慈禧。但德龄还是说："我竭力袒护老佛爷，可是对于她之经常虐待光绪，以及她谋害光绪性命的事，我却无法替她找出丝毫借口。"

中华人民共和国成立以后，溥仪从战犯变成了平民，写了一本《我的前半生》，其中说："我还听见一个叫李长安的老太监说起光绪之死的疑案。照他说，光绪在死的前一天还是好好的，只是因为用了一剂药就坏了。后来才知道这剂药是袁世凯使人送来的。"

第四章 艰苦而曲折的近代化历程

西洋画报中的慈禧太后，充满了西方人对于古老帝国统治者的想象

这许多人所说虽然在细节上有不同和矛盾之处，但都猜测或肯定光绪是被毒害致死的。凶手是谁？多数说是慈禧，也有人说是袁世凯或李连英。提供证言的有长期陪侍光绪的起居注官恽毓鼎，有给光绪治病的医生，有内务府大臣的儿子，有光绪继承人宣统，有陪侍慈禧太后的德龄，还有早就预言了光绪之死的晚清高官伍廷芳。众口一词，都认为光绪被害而死，因此距今三十年之前，历史学界和社会上大多数人都相信此说。

二

二十世纪八十年代以后，事情发生了变化。清史研究更加重视清宫档案，档案数量汗牛充栋，涉及各个方面，其中有光绪病史的记录，积存甚多，保存相当完整。于是历史学家、档案学家、医学专家共同合作，仔细收集和研究光绪的脉案和药方，探索其一生的健康情况，得出了和上述截然相反的结论。认为光绪一生身体虚弱，百病丛生，久治不愈，尤其光绪三十四年之后，病情加重。他的去世属于正常死亡，并非慈禧等人谋杀，"光绪之死，既无中毒或伤害性

的迹象，也没有突然性早亡的迹象，应该是属于正常的病亡"。(《揭开光绪帝猝死之谜》)

专家们在详细研究分析了光绪的脉案之后，说光绪幼年即身体虚弱，大婚之前稍感风寒，必头疼体瘦，年仅十五六岁已弱不禁风，二十七八岁患耳鸣脑响，渐次加重，又长期遗精。平日因慈禧虐待，生活清苦。戊戌以后长期软禁，食不果腹，衣不暖身，御前所列菜肴虽多，但大多腐臭，不能进口，有时令御膳房添换一菜肴，必先奏知慈禧太后，太后常常以俭德责之，光绪竟不敢言。瀛台涵元殿光绪居所年久失修，四处透风，隆冬天气并无炉火，寒冷已极。侍候光绪的老太监王商去和内务府大臣立山商量，立山也同情皇帝处境，偷偷整修了涵元殿，糊好了涵元殿的窗户纸。不料慈禧闻知此事，怒责立山，"看来你越来越能干了，会走好运了，明儿我派你去打扫瀛台"，吓得立山连掴自己耳光，连称"奴才该死"。义和团起时，大概以为立山会与光绪、外国人联通一起，慈禧竟把立山处死。

这些虐待光绪的情形很多。专家们认为，慈禧的虐待使得光绪心情不舒畅，病体更加重，以致死亡。专家们称："详考清宫医案，用现代医学的语言来说，光绪是受肺结核、肝脏、心脏、风湿等慢性病长期折磨，致使身体的免疫力严重缺失，酿成了多系统的疾病，最终造成心肺功能衰竭，合并急性感染而死亡。"（冯伯祥《清宫档案揭秘光绪之死》）也有的专家说："光绪之死与慈禧之死，其间并无必然之联系。光绪帝之死按脉案记录之病理、病状分析，属于正常的疾病死亡。没有发现突发性的意外病变之可能。所谓他是被慈禧所毒害而死的议论，至少，在目前来说，尚没有可靠的史料作依据。……他母子二人的接连死去……其实这不过是当时一种偶然的巧合，并没有什么值得可疑之处。"

另一位专家说："从光绪帝临死前的脉案及其亲书的《病原》来分析，其死因属于虚劳之病日久，五脏俱病，六腑皆损，阴阳两虚，气血双亏，终以阳散阴涸，出现阴阳离决而死。"（李秉新《光绪猝死一案》）

崇陵曾将光绪的遗骨做过简单检测，当时没有先进的检测仪器，并没有发现有外伤的痕迹，亦无中毒表现。此次检测过程较简单，故只能以脉案做分析，光绪之死属于正常死亡,遂成定论。崇陵重新封闭时,将光绪的若干头发、遗骨与衣服保存在西陵文物管理处的库房内。

社会上虽有人提出了不同意见,但并没有更强有力的新证据。如《启功口述历史》中说:慈禧太后病痢,他的曾祖父(启功为清朝宗室,其曾祖父溥良为晚清礼部尚书)在太后住所外侍疾,"就在宣布西太后临死前,我曾祖父看见一个太监端着一个盖碗从乐寿堂出来,出于职责,就问这个太监端的是什么?太监答道:'是老佛爷赏给万岁爷的塌喇。'塌喇在满语中是酸奶的意思。当时光绪被软禁在中南海的瀛台,之前也从没有听说过他有什么急症大病,隆裕皇后也始终在慈禧这边忙活。但送后不久就由隆裕皇后的太监小德张(张兰德)向太医院正堂宣布光绪皇帝驾崩了"。但由于对光绪的脉案进行了详细研究,大多数人相信光绪是正常死亡,所以启功先生这段证言未引起学术界和社会的重视。

三

进入二十一世纪,光绪之死的谜案又被提上日程，由中央电视台清史纪录片摄制组、清西陵文物管理处、中国原子能科学院反应堆工程研究设计所和北京市公安局法医检验鉴定中心四个单位共同合作，组成"清光绪帝死因"专题研究课题组，运用最先进的技术，采用最精密的仪器，对光绪遗体的头发、遗骨、衣服以及墓内外环境进行反复的检验和缜密的分析研究。该研究工作极为复杂艰难，研究时间长达五年之久。

由于崇陵已重新封闭，不可再开棺检验，且年代已久、检材不足，因此研究工作困难巨大。但课题组运用侦查破案的思维方式，根据信息的产生、传递、处理、还原、应用等原理，充分利用"中子活化""X射线荧光分析""原子荧光光度""液相色谱/原子吸收光谱联用"等一系列现代专业技术手段，通过开展综合分析、模拟实验、双向推理、多维论证等多项工作，对西陵保存的光绪头发、衣服、遗骨进行检测和研究，最终破解了光绪帝死亡之谜。

在研究分析中，为准确检测和推断光绪帝死时体内微量元素的情况，研究人员将光绪帝的头发清洗晾干，再剪切成一厘米长的若干截段分别测试，结果发现，光绪帝的两缕头发截段中含有高浓度的元素砷（As），其最高含砷量为2404毫克/克，远高于正常人头发的含砷量一至十毫克/克，且各截段含量差异很大。砷在自然界分布很广，多以硫化物和氧化物形式存在，主要有雄黄（二硫化二砷）、雌黄（三硫化二砷）、砒霜（三氧化二砷）等，其中砒霜（三氧化二砷）是剧毒的砷化合物。

为验证光绪帝的头发砷含量是否确属异常，研究人员分别提取了隆裕皇后、一清代草料官及当代人的头发样本分别进行同时代、同环境、同性别头发砷含量测试，结果证实，光绪帝的几处头发截段中最高砷含量不仅远远高于当代人样本，也分别是隆裕皇后的261倍和清代草料官的132倍。为验证光绪帝头发中的异常砷含量是否因长期服用中药雄黄等而导致慢性砷化物中毒所造成，研究人员又将其与当代慢性砷化物中毒的人发砷进行了对比实验，结果显示，光绪帝的头发上最高含砷量是慢性中毒患者最高含量的66倍，且砷分布曲线与慢性砷化物中毒者的砷分布曲线完全不同。由此证实：光绪帝头发中的高含量砷既属异常现象，又非自身服药引起慢性砷化物中毒而成。

那么光绪帝头发中的高含量砷究竟从何而来呢？为弄清这一问题，研究人员首先进行了光绪棺椁内外等环境取样与砷元素含量检测，检验结果：光绪帝头发中的最高砷含量是其棺椁内帷幔碎屑等物品最高砷含量的83倍，是墓内外环境样品包括棺椁盖上土最高砷含量的97倍，环境样品中的砷含量远低于光绪帝头发上的砷含量。由此，环境污染的可能被排除。接着，研究者又进行了含砷物质浸泡模拟实验，结果发现，外界的砷化合物不经过自身机体代谢，也可以吸附、渗透到头发内。由此推测，光绪帝头发中的高含量砷是由光绪身体内含有高浓度砷的物质沾染所形成。随着研究工作的逐步拓展与推进，在排除了周围环境物质的沾染后，各种研究数据把光绪帝头发上的大量砷元素的唯一来源，集中指向了光绪帝腐败的尸体。

光绪尸体是否是沾染其头发的砷的唯一来源？如果是，那高浓度砷化物是什么？这些高浓度砷主要存驻于尸体何处？其化合物种类和总量是多少？是否能致其死亡？为搞清这些问题，研究人员决定扩大检测分析范围并依照法医工作规范取样检验。首先，对光绪头发上沾染的残渣物进行了重新检测，检测结果是残渣物的砷含量高于头发。由此，进一步证明了含高浓度砷的残渣物是头发高含量砷的来源；其次，对提取的光绪帝的遗骨进行了表面附着物的刮取与检测，结果表明，其中两块遗骨（一块肩胛骨和一块脊骨）表面沾染了大量的砷，说明这些砷确实来源于腐败尸体；随后，对光绪帝的随葬衣物进行了全面系统的砷的分布的检验。光绪帝的送检衣物共有五件，其中四件上衣（或外衣），一条裤子。由于年代已久，五件衣物除龙袍保存状态尚为良好外，其余三件内衣均已严重腐烂。根据尸体腐败对穿着衣物侵蚀由内向外会逐步减轻的一般规律，研究人员依次推定出四件上衣由内到外的穿着顺序。随后依照物质吸附和信息转换还原原理，对接近光绪帝尸体特殊部位的衣物分别取样，进行了砷的分布的检验。

检测数据结果表明：从同一件内衣看，每件衣物的胃区部位、系带和领肩部位的含砷量都高于其他部位；从穿着层次看，里层衣物的含砷量大大高于外层；从尸体的特殊部位看，衣物掉落下来的残渣（胃肠内容物）的砷含量极高。这说明，大量的砷化合物曾存留于光绪帝尸体的胃腹内，并在尸体腐败过程中由里向外侵蚀衣物，由此造成胃腹部位衣物的高含砷量。

随着研究工作的推进，大量砷化物曾在光绪帝体内驻存已被实验所证实，但具体是何种砷化物以及其总量是多少尚不明确。砷化物不同种类具有不同的毒性。因此，研究人员又对光绪帝发中高含量砷的砷种态（砷价态或形态）进行了分析，采用液相色谱/原子吸收光谱联用分析法研究不同种态砷的比例关系，结合进行动物小鼠模拟实验，以判定可能导致光绪帝中毒死亡的砷化合物种类。同时，通过衣物、头发、附着残渣等对光绪帝尸体中的砷化合物总量进行了仔细测算。

实验结果表明：光绪帝摄入的砷化物是剧毒的三氧化二砷即砒霜，而其腐败尸体仅沾染在部分衣物和头发上的砒霜总量就已高达约201.5毫克。根据相关研究，人口服砒霜（三氧化二砷）60至200毫克就会中毒死亡。光绪帝摄入体内的砒霜总量明显大于致死量。至此，光绪帝死因终于破解，即光绪帝系砒霜中毒死亡。其胃腹部衣物上的砷是其含毒尸体腐败后直接侵蚀遗留所致，而其衣领部位及头发上的大量砷，则由其腐败尸体溢流侵蚀所致。

这次检测和研究的详情、方法、数据和结论由钟里满等十三位专家写成《清光绪帝死因研究工作报告》，结论是："光绪帝系砒霜中毒死亡。"此研究过程表明，这项工作走出了一条超常规之路，是运用现代科学技术和侦查思维解决历史问题的成功尝试，是自然科学研究与社会科学研究并肩合作的范例。研究结果也会对我国史学界和全社会产生重大影响。一百年前光绪和慈禧的死亡，预示了长达二千多年的中国专制帝制的崩塌。三年之后，武昌起义，孙中山领导的民主革命胜利，建立了中华民国，清王朝终于被推翻。光绪帝被毒害致死，百年之后得以确证，尘埃落定，真相大白。

四

光绪是否被毒死，已得到答复。至于主要凶手是谁？尚可研究讨论。李连英、崔玉贵可能是慈禧的帮凶，当然目前没有绝对证据说是谁给光绪服砒霜的。但是就是这帮太监，因为这帮太监跟光绪过不去。李连英一直照料光绪，当时光绪被拘禁在瀛台，李连英实际和光绪的关系怎么样呢？有两种说法，一种是说他不敢得罪光绪，对光绪还比较客气。一种说光绪恨李连英，光绪有本日记，在日记里说老佛爷死后，要杀掉袁世凯和李连英。这本日记据说被李连英看见了，所以李连英对光绪憎恨和惧怕。这也有可能。给光绪下毒的究竟是谁，不会有文字的记载，当时知道的人也不敢说。

以当时的条件、环境而论，如果没有慈禧太后的主使、授意，谁也不敢、不能下手杀害光绪。慈禧蓄意谋杀光绪已非一日，早在戊戌变法后，就已酝酿废立与弑杀阴谋。光绪二十四年八月初十，太后再出训政后四天，即以光绪名义发布谕旨称："朕躬自四月以来，屡有不适，调治日久，尚无大效。京外如有精通医理之人，即著内外臣工切实保荐候旨，其现在外省者，即日驰送来京，毋稍延迟。"（《德宗实录》卷436）其实从四月以来，光绪正精神振作，意气风发，雷厉风行地进行百日维新，每天颁发许多诏谕，怎么会"屡有不适，调治日久，尚无大效"？这分明是假话，即使偶有小病，北京有太医院，何以立即要通告全国，征请全国名医为光绪治病。这不过是慈禧怀着废立与弑杀的心肠，在全国制造光绪病重的假象，以便有朝一日实现她的目的。慈禧玩弄的把戏当时许多人已洞若观火，因而有上海绅商经元善等一千二百人联名发电，"请保护圣躬"。全国各地和海外华侨也纷纷反对。外国公使也关心光绪的安全，强硬要求由法国医生入宫为光绪看病。两江总督刘坤一说"君臣之分已定，中外之口难防"。社会上激烈的反对声浪阻止了慈禧阴谋的实施。

从官方档案众多的脉案、药方看，光绪确实体弱多病，但并非因病而死。对这些脉案、药方，也要谨慎从事，考察它是什么环境条件下形成的。

如江苏名医陈莲舫被征召入京，为光绪治病，"叩头毕，跪于下，太后与皇帝对座，中置一矮几，皇帝面苍白不华，有倦容，头似发热，喉间有疮，形容瘦弱……故事，医官不得问病，太后乃代述病状，皇帝时时颔首，或说一二字以证实之。殿廷之上，惟闻太后语音，陈则以目视地，不敢仰首。闻太后命诊脉，陈则举手切帝脉，身仍跪地上，据言实茫然未知脉象，虚以手按之而已。诊毕，太后又缕述病情，言

帝舌苔若何，口中喉中生疮如何，但既不能亲视，则亦姑妄听之而已"。（许指严《十叶野闻》）

原来所谓看病如此而已！所谓"脉案"是依照慈禧所说记录在案，这样的"脉案"怎能确证光绪的真实病况？

不久，陈莲舫因如此诊治，承担极大风险，向太监行贿，告老称病逃回了家乡。

其他医生亦有类似回忆。内务府总管大臣增崇是带领众多医生入宫看病的官员，据他的儿子回忆："从当时的情况看，无论太医或外省保荐的医士，给光绪请脉，都得依慈禧的脸色行事。凡干不长久的，多半是违背了慈禧心意；干长了的，则是切合了慈禧的'需要'了。至于世人所能见到的光绪的脉案、处方究竟如何，不待言说。对于这些事，我父亲（指增崇）、叔父们心中有数。我听得多了，也有些明白。"（察存耆《关于光绪之死》，《文史资料选辑》总122期）

还有当时著名诗人陈衍也说："冬，西后与德宗先后一日崩殂。初，德宗久病未愈，征医各省，处方有效则后怒。"（《凌霄一士随笔》）

第四章　艰苦而曲折的近代化历程

总之，慈禧唯恐自己先死，光绪复出掌权，尽翻旧案，故而在全国求医问药多次，大造光绪病重的舆论，希望光绪因体弱多病而先死，在人间悄悄地消失。但事与愿违，偏偏自己先罹重病，势将不起，故临终前令亲信下手毒死光绪。

五

有人问：如果光绪不死，重新执政，能否挽救清朝的灭亡？这个问题很难说。历史学家面对的是历史事实，解释这些事实。没有发生过的事情，历史学家很难回答。当然也可以从另外一个角度来看这个问题，就是从清朝灭亡来讲。可以说，在甲午战争、戊戌变法以后，清朝的灭亡不可避免。清朝的腐败、顽固，不能适应世界的形势，这一点是非常明显的。当年，甲午战争以后的民心已经发生了变化，很多当时的人对日本的侵略非常愤慨，对清政府的腐败、无能十分不满，反对清朝的投降、卖国，要求变法，这样就会有戊戌变法。可是戊戌变法的机会也错过了，又被以慈禧太后为代表的守旧派扑灭。失去了最后一次机会，所以完全暴露了清朝政府的不可救药。慈禧亲政以后也打不过八国联军，签订了《辛丑条约》。外国人撤退，她又回到北京，重新坐上最高的位置，也搞新政，本身虽然也做了些改革，开工厂、练新军。但是当时革命浪潮已经起来了，广大人民参加革命运动。孙中山刚开始搞革命的时候没几个人跟他，因为当时人们都寄希望于清朝政府，希望洋务运动、维新变法还能够挽救中国，走上近代化的道路。到了戊戌变法失败以后，爱国的、反政府的民心已经如大潮汹涌，不可阻挡。无法挽救这种形势，任何个人，包括光绪，也不能改变这种趋势了。清政府搞的新政效果恰恰相反，比如训练新军，到辛亥革命的时候，就是新军出来造反，武装起义；新政派了很多留学生到日本去留学，这些留学生都变成了革命党，结成同盟会；新政培养了很多资本家，资本家要求实行君主立宪，也反对清政府。所以清政府已四面楚歌。新政培养了自己的掘墓人，为自己的灭亡准备了条件，历史的浪潮已经不可阻挡了。

假如光绪皇帝在1908年没有被毒死，也能执政。但他这个人比较懦弱，不像彼得大帝和明治天皇，有气魄有能力。他身边也没有明治那样得力的大臣，他

第四章　艰苦而曲折的近代化历程

没有那一帮人。改革需要群体，当时改革的群体还没有形成。明治手下有伊藤博文、大久保利通、山县有朋，以及一大批改革派。没有这些改革派，只有光绪一个人有什么用？日本当时的政治环境，全国一心一意要富国强兵。中国当时的环境，不可能出现一个推行全国改革的领袖。实现改革，不是改革者个人单独创造出来的，而是改革条件成熟，改革要求很迫切，改革的环境形成以后，才会产生一批干练的改革派和一个成功的改革领袖。是时势造英雄，而不是英雄造时势，这是两者之间的关系。最根本的事情，是改革的环境、改革的气氛、改革的社会条件，这样才能有成功的改革。当时中国的旧传统太深厚，不像日本，改革条件也没成熟，光绪个人即使能力很高，也不行。如果冲不破传统的阻碍，改革是成功不了的。

清朝的灭亡，已经是大势所趋，从大形势看，中国的前途，在光绪死的时候是一片茫然。中国的现代化路程，还非常曲折，非常漫长，非常困难，而且不是一个人能完成的，甚至不是一代人能够完成的。即使光绪一个人不死，这样一个政权，清朝难道会不亡吗？当时中国首先要解决的问题，是推翻一个腐败无能的政权。没有解决政权问题,靠光绪一个人再来一次改良已无可能。后来孙中山接过了清朝这个烂摊子,他也没有最后完成现代化。以袁世凯为首的北洋军阀,仍然是阻碍中国前进的绊脚石,孙中山也没法冲破他们的阻力。

大总统袁世凯

第五章 辛亥革命：中国现代化的新纪元

辛亥革命是中国二十世纪中的伟大历史事件。它推翻了清朝政权，结束了两千多年的封建帝制。它建立了中华民国，开创了共和的政治体制。它传播三民主义，促进了民主意识。

中国的现代化可以从鸦片战争算起。它是一个漫长、崎岖、曲折的过程，到今天还没有完成，我们仍在这条道路上迅速迈进。到二十一世纪中叶，将基本建成富裕、民主、文明的社会主义现代化国家。

辛亥革命是我国现代化过程中的一个阶段。两千多年压在人民头上的皇帝被推翻了，过去是不可能想象的。所谓"国不可一日无君""朕即国家"，没有皇帝还成什么国家？不能想象的事情居然发生了。这是中国现代化道路上的一个里程碑。为什么要推翻皇

第五章　辛亥革命：中国现代化的新纪元

帝？封建皇帝历来是反动统治的核心，是至高无上的神圣权威，皇帝的倒台使人民懂得了皇帝是应该也可以打倒的，根深蒂固的忠君观念和统治信条发生了根本动摇。和清朝专制政府相联系的一些陈旧体制、封建陋习如等级制度、官场礼仪、苛酷肉刑、尊卑身份以至缠足、蓄辫、服饰等，都遭到了重大的冲击，人们在政治上、思想上得到了一次解放，社会风气有了很大进步，民主、共和、平等的观念深入人心。清朝皇帝存在一天，中国就不可能独立富强。正像江泽民同志在纪念辛亥革命九十周年大会上所说："清王朝是中国反动封建势力的代表，同时已成为帝国主义统治中国的工具。不扫除这个障碍，要获得人民的解放和幸福是不可能的。"只有推翻了清王朝，才能实现国家的现代化。

实现现代化是近代中国人的理想和希望。现代化是从古代传统的农业社会走向现代工业社会的过程。各个国家现代化的具体道路是不同的。根据各国的国情和国际国内情势而千差万别。但它的趋势又是共同的，都在走向民主、进步、富裕、强盛，都在融入世界历史发展的潮流之中。这是不可抗拒、不可逆转的必然趋势。

二十世纪初,当八国联军的铁蹄蹂躏了北京后,中国在帝国主义侵略和封建主义的压迫下进入漫漫的黑夜。但帝国主义的侵入也在中国促成了商品市场和劳动力市场。中国初步出现了现代工商企业,逐渐形成了无产阶级、资产阶级和现代知识分子。新的经济和新的社会力量是中国的希望。发展新经济和新社会力量即实现现代化,这需要国家政权强有力的支持。欧美各国实现现代化之初无不有国家的参与和支持。十七世纪和十八世纪欧美出现了许多新兴的民族国家,正是这些民族国家积极运作,执行有利于工商业发展的各种措施和政策,才使经济文化蓬勃发展,使欧美国家从传统走向现代化。而当时腐败无能的清朝政府不能肩负支持中国现代化的艰巨任务,反而成为现代化的障碍。

历史曾经给予清朝政府以多次机会。洋务运动是其中的一次,发生的年月比日本的明治维新还要早,且时间长达三十年。当时国际形势也没有后来那样险恶。洋务运动中清政府被迫蹒跚前进了几步,搞了一些近代工业,采煤铁、设工厂、行轮船、建海军、办

第五章 辛亥革命：中国现代化的新纪元

教育。中国的现代化从此起步。但清朝政府封建意识太深，传统包袱极为沉重，在现代化的道路上迈不开步伐。工厂矿山大多官办，经营不善，弊端重重。开了个同文馆以引进新文化，但由于顽固派的抵制而虎头蛇尾，没有成绩。派往美国的留学生因保守官僚的反对，被中途撤回。修建铁路争论了十年之久迟迟不能启动。三十年时间在抵制、争论与无所作为中白白荒废。北洋海军算是较有成效的项目，但中法战争后，经费无着，订购舰炮陷于停顿。日本却急起直追，以中国为假想敌，举全国之力大办海军，导致中日甲午战争中我国海军一败涂地。三十年洋务运动的破产证明清朝政府不可能承担起现代化的任务。甲午战争失败后，更多的人理解改革的必要性和紧迫性，仍寄希望于清王朝，帮助它改弦更张，奋起图强，发生了戊戌年的变法运动。但当改革损害了既得利益集团的时候，实际掌握政权的旧势力进行反扑，六君子人头落地，戊戌变法偃旗息鼓。清政府又一次失去了改革前进的时机。腐朽的清王朝既不愿意也无能力承担现代化的任务。它对外不能抵抗外来侵略，保卫民族利益，对内不能进行改革，以图振作，完全沦为出卖主权，阻碍进步的反动政权。到二十世纪初，客观形势已迅速变化。人民群众革命意识觉醒，不再寄希望于清政府而选择了武装起义，推翻清政府的革命道路。

二十世纪初，伟大的革命先驱孙中山先生登高一呼，群起响应，建立同盟会，宣传三民主义，组织武装起义。客观的革命形势和主观的革命觉醒酝酿成熟，孙中山等革命党人走在历史的前头，完成了推翻帝制，建立共和的丰功伟绩，为中国的现代化扫除了政治障碍。

辛亥革命虽然推翻了清朝政府，却没有完成反帝反封建的历史任务。中国也没有很快实现现代化。因为现代化是一个极其漫长的过程，它分成若干阶段，不可能毕其功于一役，不可能在短期内解决所有的问题，一蹴而建立独立、富强、强大的中国。辛亥革命已经过去一百多年，至今中国才刚刚进入小康社会，离繁荣富裕的现代社会还有相当长的路程，还需要努力奋斗半个世纪。在现代化的每个阶段中，只能解决一个或两个当前的主要任务：例如辛亥革命推翻了清朝政府，消除了现代化的政治障碍；五四运动反对旧

第五章 辛亥革命：中国现代化的新纪元

文化，引进了民主与科学；北伐战争消灭了旧军阀；抗日战争打败了日本帝国主义的侵略；解放战争打败了帝国主义和封建主义，建立了人民共和国。许多阶段连贯起来，逐步地解决了阻碍中国现代化的各种障碍，构成了中国现代化前进的历史运动。辛亥革命仅是现代化长河中的一个阶段，它很好地完成了这一阶段的主要任务，孙中山和辛亥革命的战士们为中华民族建立的功勋将永垂史册，彪炳千秋。他们永远值得中国人民的尊敬和怀念。

辛亥革命没有也不可能解决中国现代化过程中的全部问题。中国人民只有经过漫长艰苦的奋斗历程，只有踏踏实实逐个地完成摆在面前的已经成熟了的具体任务，积累一次又一次的胜利，才能够越来越接近现代化的长远目标。